이임하의
여성사 특강

이임하의 여성사 특강

제1판 제1쇄 발행일 2018년 4월 25일
제1판 제4쇄 발행일 2023년 5월 27일

글 _ 이임하
기획 _ 책도둑(박정훈, 박정식, 김민호)
디자인 _ 토가 김선태
펴낸이 _ 김은지
펴낸곳 _ 철수와영희
등록번호 _ 제319-2005-42호
주소 _ 서울 마포구 월드컵로 65, 302호(망원동, 양경회관)
전화 _ (02)332-0815
팩스 _ (02)6003-1958
전자우편 _ chulsu815@hanmail.net

ISBN 979-11-88215-10-2 43910

철수와영희 출판사는 '어린이' 철수와 영희, '어른' 철수와 영희에게
도움 되는 책을 펴내기 위해 노력합니다.

이임하의 여성사 특강

여성들은 무엇을 하고 있었는가?

이임하 지음

철수와영희

여성들은 무엇을 하고 있었는가?

나는 동화책 읽기를 좋아합니다. '딸에게 어떤 책이 좋을까' 고민하면서 동화책을 다시 읽게 되었지요. 『몽실 언니』, 『우리는 바다를 보러 간다』, 『사자왕 형제의 모험』, 『나니아 나라 이야기』, 『한밤중 톰의 정원에서』 같은 책은 어른들이 일으킨 전쟁을 겪으면서 성장해가는 아이들의 이야기와 몸이 불편한 아이들의 모험담을 담고 있습니다.

게리 폴슨이 쓴 『손도끼』도 마찬가지입니다. 책 표지에는 뉴베리상을 받았다고 소개되어 있는데요, 이 상은 '아동문학의 노벨상'이라 불릴 만큼 미국에서 가장 권위 있는 문학상이랍니다. '상을 받을 만큼 그렇게 재미있나?' 조금 의아해하며 읽었습니다.

주인공 브라이언은 방학을 맞아 단발비행기를 타고 아버지를 만나러 가던 도중 조종사가 심장마비로 죽자 캐나다의 삼림에 혼자 남게 됩니다. 그곳에서 그는 손도끼 하나만 가지고 생활하는데요, 그다음에 벌어지는 이야기는 여느 책과 크게 다르지 않습니다. 그런데 감동한 부분이 있었습니다.

손도끼 하나만 있었던 브라이언의 생활은 어느 날 비행기 안에 있는 생존 가방을 얻으면서 뒤죽박죽이 되고 맙니다. 손도끼만 가지고 있었을 때에는 바보 새를 사냥하려면 하루 아니 며칠이나 걸렸지요. 왜냐하면 바보 새가 언제 날아가는지 관찰해야 했거든요. 그렇지만 총이 생기자 굳이 바보 새를 관찰하는 일도, 주변의 자연환경을 살필 필요도 없었습니다. 총 한 방이면 먼 거리에 있는 바보 새를 쏘아 죽일 수 있었고, 라이터로 힘들이지 않고 불을 피울 수 있었거든요. 생존 가방 안에 있던 온갖 물건이 결국 인간과 자연 그리고 다른 동물과의 관계를 생각하는 버릇을 모두 없애버렸던 것입니다. 이 책은 '관찰하기, 관계 맺기, 생각하기, 해답 찾기'라는 과정의 소중함을 일깨워줍니다.

가구를 만들거나 요리를 할 때도, 그림을 그리거나 연주를 할 때도 생각하는 힘이 없다면 사물을 다루는 기술을 익힐 수가 없습니다. 전문가들이 내세우는 성공 조건 가운데 하나가 '작업 노트'의 작성입니다. 나는 이를 '생각 노트'라고 바꿔 부릅니다. 무슨 일을 하든지 노트에 자신의 생각을 적고 지워가면 고민하는 문제를 조금씩 해결해나갈 수 있을 것입니다. 생각하는 힘은 곧 문제를 풀어가는 과정이자 자신만의 길을 찾는 방법입니다.

역사는 생각하는 힘을 기르는 데 큰 역할을 합니다. 역사는 다양한 사람들의 삶과 생활을 들려주고, 이를 통해 우리는 개인과 개인, 개인과 사회의 관계를 생각할 수 있기 때문입니다. 문명의 발달을 추구했던 20세기 역사가 국민을 계몽하는 데 열중했다면 문명 발달보다 공존을 추구하는 21세기 역사는 '사유하는 역사'여야 합니다. 대립이 점점 극심해지고 '차이'가 '차별'로 변질되고 있는 때에 공감하고 소통하는 능력을 기를 수 있는 역사가 필요합니다.

그렇다면 선택적 기억과 망각의 역사를 되새겨볼 필요가 있습니다. 역사학자 거다 러너는 『왜 여성사인가』에서 지금까지의 역사는 '거대한 망각' 곧 '선택적 기억'만을 다루었다고 지적했습니다. 특히 여성들은 언제나 세상의 일과 의무의 절반을 수행했지만 '주변적 공헌'만을 한 존재로 역사에 기록되었지요. 우리 역사를 보더라도 여성들은 먹거리를 준비하고, 집 안을 청소하고, 아이들을 돌보면서도 행상, 삯바느질, 식모살이, 공장노동자, 농사꾼으로 살림살이를 떠맡아왔습니다. 하지만 많은 이들은 '그건 벌써 알고 있는데요?', '여성이라면 당연한 일 아닌가요?'라고 반응합니다. 그들이 생각할 때 가사노동이나 삯바느질 같은 일은 아예 일도 아닙니다. 이런 면에서 여성들의 역사는 망각되고, 남성들의 활동을 중심으로 한 역사는 선택적으로 기억되었다는 것입니다. 과거가 현재를 만든다는 말처럼 기억이 왜 중요하냐면, 우리가 기억한 것, 의미 있다고 강조한 것, 과거에 빠뜨린 것은 우리의 현재를 규정하기 때문입니다.

이제는 '역사란 무엇인가?'라는 질문 대신에 '남성들의 행위가 이루어지는 동안에 여성들은 무엇을 하고 있었는가?'라는 질문이 필요합니다. 역사라고 말해진 모든 곳에서 이 같은 질문을 하면 어떤 답이 나올까요? 세상을 바라보는 눈은 어떻게 달라질까요?

지금까지는 제국, 인종, 민족, 계급 따위를 사회구조와 세계 질서를 분석하는 중요한 범주로 여겼습니다. '제국'과 '식민'이라는 관점으로 영국과 식민지의 문제를 제기한 페릭스 그린은 『제국주의와 혁명』에서 자신의 경험을 이렇게 말합니다.

그의 초등학교 시절 영국 학교에서는 교실 벽마다 세계지도를 걸어놓았답니다. 인도, 캐나다, 오스트레일리아, 아프리카 대륙, 버마, 말레이시아, 홍콩 등이 붉은색으로 칠해져 있었지요. 그래서 그는 각양각색의 국민과 민족들이 자발적으로 영국의 지배 아래 있었다고 생각했지요. 누구도 제국을 유지하는 비용이 식민지 민중에게서 나왔다는 사실을 말해주지 않았던 것이지요.

이 이야기에서 우리는 제국의 입장에서 본 역사가 무엇을 숨겼는지 분명하게 알 수 있습니다. 여성사도 마찬가지입니다. 거다 러너는 인간 역사의 기록과 해석을 맡은 남성들의 선택적 기억은 여성들에게 지독히도 인색했다면서, 선택적 기억은 과거의 모습을 구성하는 능력을 여성과 남성 모두에게서 빼앗아갔다고 지적합니다. 노예, 농민, 식민지 주민들이 주변으로 밀려나고 그들의 역사가 박탈당했던 것처럼 말이지요.

역사학자 조앤 스콧은 인종, 계급, 민족과 같이 역사를 이해하기 위한 중요한 개념으로 '젠더(gender)'를 제시했습니다. 여성사를 연구하는 역사가들은 성적 차별화 구조가 여성과 남성 모두에게 어떤 식으로 영향을 주는지 논의했으며, 이러한 구조를 묘사하기 위해 '젠더'라는 용어를 사용하기 시작했습니다. 시몬 드 보부아르는 『제2의 성』에서 "여성은 태어나는 것이 아니라 만들어진다"라고 했고, 케이트 밀레트는 『성의 정치학』에서 "태어날 때 두 성 사이에는 아무런 차이가 없다"라고 말했습니다. 페미니즘 이론가들은 생물학적 성(性)을 일컫는 '섹스(sex)'와 구분하기 위해 사회문화적·역사적으로 만들어진 성을 일컫는 용어로 젠더를 사용했습니다. 젠더는 1995년 베이징 세계여성대회에서 인간의 성차(性差)를 일컫는 용어로 인정되면서 일상용어가 되었습니다.

조앤 스콧은 역사적 범주로 젠더를 제시하면서 '여성이 인간 역사의 크고 작은 갖가지 사건들에 참가해왔다는 것을 우리는 알고 있는데, 어째서 여성은 역사의 주체로서는 보이지 않는 존재가 되었는가', '여성에 관한 법률과 국가 권력 사이에는 어떠한 관계가 있는가', '사회관계는 젠더를 어떻게 조직 속에 반영해왔는가', '과학의 테마에는 성별이 있는가', '지금까지 진정으로 평등한 젠더의 개념이 존재했던가' 따위로 질문하라고 말합니다.

질문은 끝없이 이어지겠지요. 우리도 이제 너무나 당연하게 여겼던 '역사'에 질문할 때입니다.

이 강의는 혐오(여성 혐오는 언제부터 일어났는가?), 문명(농업신은 왜 여성신이 많은가?), 정치('망하지 않은 것이 천만다행'이란 뜻은?), 결혼과 가족(신사임당과 허난설헌의 삶이 달라진 때는 언제인가?), 전쟁과 재건('환향녀'는 어떻게 '화냥년'이 되었는가?), 호명(일제강점기에는 왜 '성녀'라는 이름이 많은가?), 규범(금기를 넘어선다는 것은?), 운동(민족 대표 33인에는 왜 여성이 없을까?), 노동(여성들은 단 한 번도 쉬지 않았다) 등 아홉 가지 질문으로 구성했습니다.

이 질문의 답을 찾는 과정은 반쪽 역사에 해당하는 이들에게는 치유의 과정이고, 온전한 역사를 이해하고자 하는 이들에게는 새로운 시각을 얻는 방법이 될 것입니다. 곧 여성사란 한쪽으로 치우친 단 하나의 진실이 아니라 불편하고 또렷하게 보이지 않고 더디지만 평등하고 민주적인 가치를 배우는 과정입니다. 따라서 여성사는 과거가 아니라 미래를 위해 필요합니다. 저는 즐거운 미래를 계획하는 여성들과 남성들에게 여성사를 즐겨 읽으라고 권하고 싶습니다.

2018년 4월

이임하

차례

혐오

여성 혐오는 언제부터
일어났는가?

상처 주는 말과 여성 혐오

오늘날 한국 여성들은 '김치녀'로 불립니다. 이전에는 개똥녀(2005), 된장녀(2006), 신상녀(2008) 따위의 말들이 유행했었지요. 'ㅇㅇ녀'라는 특정한 여성에 대한 신상 공격과 비난은 여성 일반에 대한 비하와 낙인으로 고착되었습니다. 2012년 일부 온라인 공간(일간베스트)을 중심으로 퍼진 '김치녀'는 한국 여성을 비하하는 표현으로 등장했습니다. '홍어'로 표현된 지역 비하, 희생자나 고인에 대한 모욕적인 말이나 표현 따위와 같은 맥락이지요.

'김치녀'라는 말은 한국 사회에서의 여성 혐오를 대표하는 표현입니다. 다음소프트의 조사 결과, 2011년부터 2014년까지 남성 혐오 표현이 월평균 1~2회인 데 반해 여성 혐오 표현은 월평균 600~3,000여 회였답니다. 2015년에는 여성 혐오 표현이 월평균 8만 회에 이를 정도로 늘었습니다. 2017년 국가인권위원회의 조사에 따르면 여성의 83.7%가 온라인에서 혐오 표현을 접한 것으로 나타났는데, 대부분의 응답자가 '김치녀'를 혐오 표현으로 제시했습니다.

혐오 표현은 인종, 종교, 국적, 민족, 성별, 성적 지향 따위로 행위자가 평소에 가진 편견에 근거하여 모욕적으로 위협하는 발언으로 개인이나 집단을 공격하고 혐오를 조장합니다. 2010년 초만 해도 여성 혐오 표현은 일부 온라인 공간에서만 소수의 남성들이 익명성에 숨어서 일으키는 일이라고 생각했습니다. 그러나 오늘날 여성 혐오 표현은 남성들 사이에서 광범위하게 공유되고 있음이 많은 조사에서 확인되었습니다.

온라인과 오프라인의 세계가 따로 존재하지 않는 오늘날 온라인상의 여성 혐오 발언은 심각한 문제입니다. 네트워크를 통해 실시간으로 불특정 다수에게 퍼져나간 여성 혐오 표현은 매일매일 온라인에 접속하는 사람들의

〈표 1〉 **온라인 혐오 표현 피해 경험률**(단위: %)

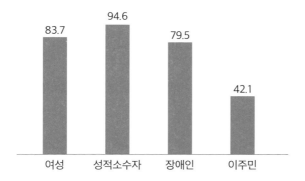

국가인권위원회, 『혐오 표현 실태조사 및 규제방안 연구』, 2017.

생각과 언어에 영향을 주면서 성적 차별화된 구조의 형성에 작용합니다.

이렇게 여성 혐오가 극심해진 까닭은 정치가 보수화되고 사회 불안을 내부의 적으로 돌리기 위해 혐오주의를 강화했기 때문이라고 합니다. 그리고 경제 위기와 여성의 사회 진출 증가로 경제 영역에서 남성 위주의 질서와 위계가 위협받자 이를 경계하는 여성 혐오가 강화되었기 때문이기도 합니다. 남성에 대한 모든 우대는 사라졌는데 여성은 여전히 우대 정책의 혜택을 누리고 산다는 남성피해자론이 '김치녀'라는 혐오 표현이 널리 퍼지게 된 계기이기도 하지요.

'여성이 모든 것을 가진' 듯한 착시 효과는 특히 여성의 고등교육률이 높아진 데에서 기인합니다. 실제로 남성과 여성의 대학 진학률은 2000년 70.4% 대 65.4%에서 2015년 67.3% 대 74.6%로 역전되었습니다. 그 결과 상대적으로 공정한 경쟁이 가능한 교육계, 의료계, 법조계에서 여성들의 진출이 두드러졌습니다. 그렇지만 여성의 사회 진출 규모가 남성을 압도할 정도는 아닙니다.

대졸자의 경제활동 참가율을 보면 이러한 경향은 곧 역전됩니다. 2011년 대졸 여성과 남성의 경제활동 참가율은 63.3%와 89.3%입니다. 여성의 고용률은 2015년 49.9%로 남성에 비해 21.2% 낮습니다. 그리고 2016년 여성 임금 근로자의 40.3%가 비정규직입니다.

세계경제포럼이 매년 발표하는 '성 격차 지수(Gender Gap Index)' 순위에서 2015년 한국은 145개 나라 가운데 115위를 차지했습니다. 2006년 92위를 기록한 뒤 계속 떨어지는 추세이지요. 성 격차 지수는 '성별 경제 참여 및 기회, 교육적 성취, 건강과 생존, 정치적 권한' 네 부문으로 평가하는데, 〈표 2〉를 보면 한국의 수준이 어느 정도인지 확인할 수 있습니다.

왜 여성 혐오가 문제일까요? 여성 혐오는 여성을 목적으로 대우하지 않고 도구로 취급하며, 여성의 성적 정체성을 부정하고 남성들이 규정지은 타자로 만들어버립니다. 이러한 대상화와 타자화는 여성의 몸과 외모를 소비 가능한 방식으로 재생산하고 여성들이 제 목소리를 낼 기회를 박탈합니다. 그러한 구조 안에서 불평등한 권력 관계가 계속 유지되는 것이지요.

그리고 혐오는 증오 범죄로 이어질 가능성이 큽니다. 그래서 상처 주는 말이나 혐오 감정이 사회적으로 문제가 되는 것입니다. '한국여성의전화'에

〈표 2〉 성 격차 지수 순위

연도	순위 (한국/전체)	경제 참여 및 기회	교육적 성취	건강과 생존	정치적 권한
2015년	115/145	125	102	79	101
2014년	117/142	124	103	74	93
2013년	111/136	118	100	75	86
2012년	108/135	116	99	78	86
2011년	107/135	117	97	78	90
2010년	104/135	111	100	79	86
2009년	115/134	113	109	80	104
2008년	108/130	110	99	107	102
2007년	97/128	90	94	106	95
2006년	92/115	96	82	94	84

박무닉, 「혐오에 맞서는 혐오: 인터넷 커뮤니티 메갈리아를 통해 본 한국 사회의 젠더 담론」, 2016.

◀ 강남역 10번 출구 추모 쪽지
(서울시 여성가족재단
성평등도서관 기억존)

따르면, 2014년 한 해 동안 114명의 여성이 살해당했습니다. 이는 1.7일당 한 명꼴로, 주로 전 애인, 전 남편, 현재 남편, 현재 애인에게 살해당했다고 합니다.

2016년 5월 17일 새벽 1시, 강남역의 한 노래방 화장실에서 살인 사건이 발생했습니다. 가해자는 화장실에 대기하고 있다가 남성 7명은 그냥 보내고 처음으로 들어온 여성을 살해했습니다. 이 사건을 둘러싸고 온오프라인에서는 '여성 혐오 범죄다' 대 '묻지마 살인이다'라는 구도로 논쟁이 이어졌습니다. 그런데 중요한 점은 많은 여성이 '나는 우연히 살아남았습니다'라는 말에 공감했다는 것입니다.

발단이 무엇이든 '○○녀'라는 표현은 여성 일반에 대한 공격으로 퍼지곤 합니다. 사실 여성을 허영과 사치의 상징으로 야유하는 방식은 오래전부터 있어왔습니다. 그 역사에는 다양한 여성들의 경험과 삶을 배제하는 태도가 짙게 배어 있습니다. 이러한 현실은 어쩌면 반쪽짜리 역사를 배워온 우리들에게 당연한 결과인지도 모릅니다.

못된 걸, 신여성

먼저 남자들이 집어낸 여자들의 좋지 못한 점은 대개 아래와 같다. ① 참스럽지 못하고 ② 얻어 입고 얻어먹고 놀기만 좋아하며 ③ 허영에 뜨고 ④ 사치 덩어리요 ⑤ 품행이 더럽고 ⑥ 부형의 의견은 덮어놓고 반대하고 동무들의 의견만 좇는 것을 신식으로 알고 ⑦ 스스로 약한 체하면서 약하다는 핑계로 특별 대우를 받으려 하며 ⑧ 온 집안이 다 주리고라도 자기 한 사람만 가꾸어주어야만 만족하고 ⑨ 어느 때든지 잘생긴 값으로 누워서 먹고만 살려 하며 ⑩ 덮어놓고 이름난 사람이면 시집가려고만 하고 (…) ⑬ 까닭 없이 남자가 사 보내는 것을 기뻐하며 ⑭ 어머니 앞에서만 활발하고 남이 모인 곳에서는 벙어리 병신같이 쭈그리는 것 들이었다.(《신여성》 1924년 8월호)

일제강점기의 '신여성(新女性)'을 비난하는 글입니다. 놀랍게도 오늘날

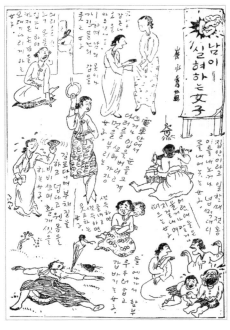

① 남의 옷이나 가진 물건의 값을 묻는 여자
② 머리를 빗느니 옷을 입느니 하여 찾아온 손님을 오래 기다리게 하는 여자
③ 집 안이라고 일할 때 젖퉁이를 내놓거나 넓적다리를 내어 놓는 여자
④ 전차 안에서 눈을 크게 뜨거나 입을 벌리고 다리를 꼬며 가장 멋을 부리는 여자
⑤ 길로 다니며 부채질을 하고 덥다고 온몸을 비비 꼬며 활갯짓을 하는 여자
⑥ 어린애들은 울거나 말거나 지절대며 떠드는 여자
⑦ 걸핏하면 골내고 걸핏하면 웃고 하는 여자
⑧ 들에 나가서 함부로 드러눕고 자빠지는 여자

여성 혐오 표현인 '김치녀'의 특징과 크게 다르지 않네요.

신여성은 여성의 투표권을 요구하거나 남성처럼 바지를 입고 다니는 여성을 가리키던 영국의 'new women'에서 유래한 말입니다. 일본에서는 '신부인', '신여성', '신여자' 따위로 번역해서 사용했지요. 우리나라에서는 일본 유학생들을 중심으로 1910년대부터 '신여성'이란 말이 조금씩 쓰이기 시작했는데, 1920년대 지식인 사회에서는 일반적인 용어가 되었습니다. '새 시대의 유일한 선구자'로 찬미된 신여성은 1920년대 중반 절정에 달했으며, 근대의 상징으로 여겨졌지요.

신여성이 사회의 관심을 끈 까닭은 무엇보다 그들의 겉모습이 달랐기 때문입니다. 구두, 양산, 모자, 숄, 안경 따위는 신여성의 상징이었습니다. 긴 저고리에 짧은 치마를 입고 구두를 신고 거리를 활보하는 신여성의 모습은 전근대 사회에서는 쉽게 찾아볼 수 없는 광경이었지요.

그러나 오래지 않아 신여성의 외모는 비난의 대상이 되었습니다. 구제도의 상징이었던 장옷이나 쓰개치마 대신에 양산을 쓰고, 버선 대신에 양말과 구두를 신고 짧은 치마를 입은 신여성의 모습은 남성들에게 성적 욕망을 일으키는 자극제라며 비난당했습니다.

그들은 온갖 묵은 것으로부터 해방은 되었으나 (…) 아주 무정견(無定見)한 것과 사람 흥분시킬 미를 갖고 있을 뿐이다. 그들은 (…) 비평은 좋아하나 아무것도 창작은 못하고 책은 제법 보는 척하지만 변변한 책은 읽지 않는다. 독신 생활은 곧 주장하면서 뒤로는 사나이를 곧잘 사귀고 임신 조절이니 산아 제한이니 굉장히 떠들지만 결혼하자마자 배가 뚱뚱해가지고 다니게 된다.(〈별건곤〉 1927년 12월호)

신여성에 대한 부정적 시선은 양장 차림의 외모에만 한정된 것이 아니었습니다. '무정견하고'(자신이 주장하는 의견이 없고) '책을 읽는 시늉만 낸다'는 조롱처럼 지적 능력도 의심받았습니다. 신여성은 '모던 걸(modern girl)'이라고도 불렸는데 이들의 자유분방한 모습을 못마땅하게 여긴 사람들은 '못된 걸'이라고 부르기도 했답니다. 또한 신여성은 다리에 초콜릿 한 상자

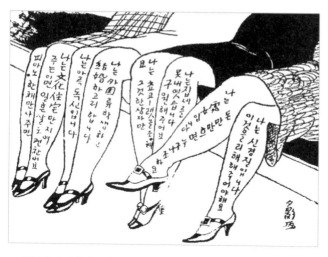

▲ 여성 선전 시대가 오면(《조선일보》1930년 1월 12일)
① 나는 신경질입니다. 이것을 이해해주어야 해요.
　나는 처녀입니다. 돈만 많으면 누구나 좋아요.
② 나는 집세를 못 내었습니다. 구원해주어요.
　나는 초콜릿을 좋아해요. 그것 한 상자만.
③ 나는 외국 유학생하고 결혼하고자 합니다.
　나는 아직 독신입니다.
④ 나는 문화주택만 지어주는 이면 일흔 살도 괜찮아요.
　피아노 한 채만 사주면.

나 피아노 한 대만 사달라는 결혼 조건을 내건 육체의 일부로 그려지기도
했는데, 이러한 대상화는 곧 오늘날의 여성 혐오 표현과 다를 바 없습니다.
왜 사회는 신여성을 이토록 조롱하고 비난했을까요?
　이러한 시선은 이전과 다르게 살아가는 신여성들에 대한 두려움과 경고
의 표현입니다. 앞에서 신여성은 전통적으로 남성의 영역으로 간주된 권리

나 노동, 외양을 요구했던 'new women'에서 유래했다고 말했는데, 1920년대 조선의 신여성 또한 그러한 의미에서 크게 벗어나지 않습니다. 개화기 이후 교육을 받은 일부 여성들은 전근대적 가족제도와 규범을 문제 삼았고, 전문직이든 단순노동이든 사회활동과 경제활동을 시작했습니다. 이러한 변화를 밑바탕으로 신여성은 안으로는 전근대적 결혼제도와 가족제도에서 벗어났고, 밖으로는 사회활동과 경제활동을 통해 이전과 다르게 살아갈 수 있었습니다. 더욱이 중등교육을 받은 신여성은 '부녀(婦女)'만이 존재했던 전근대적 여성 범주에 포함되지 않는 새로운 여성상으로서 이들은 가부장제의 굴레에서 벗어날 가능성이 있었던 것입니다.

그러자 남성들은 '고치고 싶은 버릇', '안심하고 사귈 수 있는 여자', '신여성의 십계명', '현대 남성이 원하지 않는 여자의 일곱 가지 조건' 따위로 신여성들의 의식과 행동을 교정하려 했습니다. 1932년 〈만국부인〉에 소개된 이광수의 「신여성의 십계명」의 주요 내용은 "③'첫사랑을 남편에게'라는 주의를 확수하시기. (…) ⑨처녀이면 배우자 선택에, 아내이면 일하는 남편을 정신적 협조를 주기에 힘쓸 것. ⑩젊은 여성은 가정과 그 몸이 있는 곳에 평화와 빛을 주는 것이니 천부의 성직이니 항상 유쾌, 자애와 겸손의 덕을 가지고 분노, 질책, 질투, 분쟁의 형상을 보이지 마시기" 등인데, 이에 더하여 신문을 읽고 위생에 주의하라고 지적하고 있습니다. 즉 '신여성의 십계명'은 가정이 바로 여성의 천직이므로 가정을 평화로운 휴식처로 만들기 위해 여성은 순결해야 하고, 분노나 질투, 분쟁의 모습을 절대 갖지 말라고 요구했습니다.

아프레 걸

한국전쟁 뒤 한동안 "한국의 쓰레기통 속에서 장미꽃을 찾을 수는 있어도 처녀는 찾아볼 수 없다"라는 말이 유행했습니다. 이 말은 영국 타임스 기자가 부산 정치 파동을 빗대어 "한국에서 민주주의가 실현되는 것은 쓰레기통에서 장미가 피는 것보다 어렵다"라고 한 데에서 나온 것입니다. 1952년 이승만은 제2대 대통령 선거에서 재집권하기 위해 헌법을 고치려고 했습니다. 그런데 국회가 이를 반대하자 계엄령을 선포했지요. 그리고 5월 26일 계엄사령부는 국회로 출근하는 국회의원 50여 명이 탄 버스를 기중기로 들어 올려 헌병대로 끌고 갔습니다. 이것이 부산 정치 파동의 시작인데요, 이 사건이 세계 언론에 알려지면서 한국 민주주의의 위기를 나타내는 말이 되었지요.

그런데 한국의 민주주의와 '처녀'가 어떤 연관이 있기에 이런 말이 나왔을까요? 이는 1955년 '박인수 사건'이 일어났을 때 여론이 보인 반응이었습니다. 이 사건은 박인수라는 청년이 헌병 대위라고 속이고 댄스홀을 드나들면서 만난 미혼 여성 70여 명에게 혼인을 빙자하여 간음한 사건을 말합니다.

재판 과정에서 박인수는 "상대한 여자들 중 처녀는 단 하나였다"라고 진술했습니다. 이러한 진술에 여론은 "하긴 지금 세상에 '처녀'가 어디 있나 (…) 차라리 한국의 쓰레기통 속에서 장미꽃을 찾을 수는 있어도 처녀는 찾아볼 수 없다"라고 반응했습니다. 심지어 일부에서는 "처녀로서의 양심이

살아 있다면 한 사람쯤은 자살자가 발생할 것이란 기대를 가졌다"라며 박
인수 사건과 관련하여 자살한 여성이 없음을 개탄했을 정도입니다.

첫 공판에서 박 피고는 여자들과 관계한 것은 시인하였으나 혼인을 빙자하
거나 그 밖의 속임수로 여자를 농락한 일은 없다고 진술하였다. (…) 오히려
그렇게 많은 미혼 여자들이 쉽사리 몸을 바친 것이니 범연히 넘길 문제가 아

▲ 박인수 재판을 보러 법정에 몰려든 인파
（《여원》 1955년 10월호）

▲ 박인수 사건 이후의 여성 옷차림
（《여원》 1955년 10월호）

닌 것이다. (…) 그런데 박 피고와 관계한 '댄스 즐기는 여성들' (…) 그때에 혼인 이야기가 나왔든 안 나왔든 어쨌거나 그 남자와 여관으로 동행한 것이 었다. 이로써 어찌 자기네 경솔함을 감출 길이 있겠는가?(〈한국일보〉 1955년 6월 24일)

여론은 박인수의 진술을 그대로 믿었을 뿐 그의 부도덕성은 의심하지 않았습니다. 모든 관심은 박인수가 상대한 여성들이 침묵당한 상태에서 박인수 곧 남성의 언어로써 말해지는 여성들에게로 집중되었습니다. 법과 여론은 박인수가 저지른 기만적인 행태보다도 그가 말한 처녀성의 유무에만 관심을 쏟았습니다.

박인수 사건은 여성의 성의식에 대한 격렬한 비난이 쏟아지는 계기가 되었습니다. 그러나 박인수와 관련된 여성들은 그 빗발치는 비난 속에서 단한 번도 자신들의 목소리를 내지 못했습니다.

기이한 타입의 여성들을 전후파라고 일반은 명칭한다. 동양적인 미풍과 생활 도덕에서 이해할 수 없는 새로운 타입의 출현이 아프레-여성이다. (…) 일단 이러한 여성들이 길에 나서면 모욕과 조소는 빗발치듯 쏟아지고 삼척동자까지라도 '양갈보'라는 낙인을 찍어주며 인간성을 상실하게 되어버린다. (…) 오늘날 이러한 전후파의 모럴리티는 국한된 부문을 벗어나 일반성을 띠게 된 것이 현대의 윤리라고 볼 수 있다.(〈신천지〉 1954년 7월호)

▶ 영화 「전후파」 포스터

　박인수 사건은 사건 자체보다 사회에서 여성을 어떻게 규정하며 여성들
스스로는 어떻게 자신들을 각인시켜야 하는가라는 문제로 나타났습니다.
결국 박인수 사건의 책임은 여성들에게 있고, 그 여성들은 기질적으로 정숙
하지 못한 '아프레 걸(après-girl)' 또는 '전후파(戰後派) 여성'이라고 부르기만
하면 되었습니다. 1심 재판에서 법은 '정숙한 여인의 건전하고 순결한 정조
만을 보호할 수 있다'고 밝혔습니다. 이는 여성을 정상(정숙한 여성)과 비정
상(정숙하지 않은 여성)으로 구분한 것으로, 여성의 성은 이러한 방식으로
타자화되었습니다. 이러한 기준은 여성에게 혼전 순결을 강조하는 사회 풍
조를 강화시켰습니다.

자유부인이라 부르기

전후파 여성의 또 다른 호칭은 '자유부인'입니다. 1956년에 제작된 영화 「자유부인」은 정비석의 소설 「자유부인」을 영화로 만든 것인데, 43일 동안 무려 13만 명의 관객을 동원할 정도로 엄청난 인기를 끌었습니다. 영화로 제작되기에 앞서 원작 소설 내용을 두고 논쟁이 벌어졌는데, '집 나간 노라는 용서받을 수 없을 뿐만 아니라 사회가 결코 허용해서는 안 된다'는 결말로 끝이 났습니다. 그 뒤 기혼 여성은 현모양처와 '사치와 허영에 날뛰는' 자유부인으로 구분되었지요.

한편 전후파 여성의 대표적인 사례로 제시된 '전쟁미망인' 역시 도덕적 규제와 규탄의 대상이 되었습니다.

전화로 인한 때아닌 미망인들이 거리에 범람하는 상태이다. (…) 화장으로나 의상으로나 범절로나 할 것 없이 남편과 동거 때보다 비교하기 어렵게 화려한 것이다.(〈한국일보〉 1955년 5월 27일)

부녀 문제가 질적인 전환을 표시한 것은 전란의 부산물인 전쟁미망인 수효가 격증하였다는 것이다. 그들은 30세 전후로서 약간의 재산을 밑천으로 다방업, 양장점, 미장원, 요리점 등의 영업에 진출하였으며 남편이 없다는 점에서 일반 사교계에 자유롭게 진출할 수 있다. (…) 허영과 향락에 빠지는 자유부인을 다량으로 유출하여…(합동통신, 『합동연감 1959』)

'남편과 함께 죽어야 하는데 아직 죽지 않은 아내'라는 뜻을 지닌 '미망인'이라는 호칭은 독립된 개체로서의 여성의 존재를 부정하고 죽은 자가 산자의 지위를 결정하는 젠더 차별적 뜻이 있습니다. 이처럼 한국 사회에서 '전쟁미망인'이라는 말은 부정적인 뜻을 포함하지만 여기에서는 시대성을 반영한 단어로 '전쟁미망인'이라는 용어를 사용하겠습니다.

그러면 왜 전쟁미망인조차 전후파 또는 자유부인이라고 불렀을까요? 전쟁미망인은 적게는 30만 명에서 많게는 50만 명에 이르렀습니다. 그들이 부양할 가족은 100만 명이 넘었지요. 전쟁미망인은 '치마를 둘러서 여자지, 남자가 하는 일 혼자 다 한다'는 말을 들을 정도로 가족을 부양하기 위해 온

〈표 3〉 직업 종사자 중 여성 비율(단위: %)

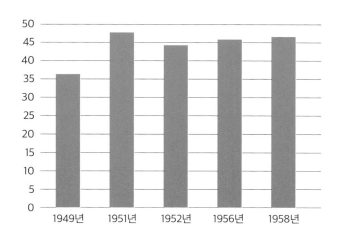

이임하, 『여성, 전쟁을 넘어 일어서다』 2004.

갖 일을 다 했습니다. 비단 전쟁미망인뿐만 아니라 전후 한국 사회에서 여성들은 가족의 생계를 유지하기 위해 노동에 나서야 했습니다. 〈표 3〉에 따르면, 전후 직업 종사자 가운데 여성이 차지하는 비율은 1949년 35.6%, 1951년 47.6%, 1952년 44.6%, 1956년 45.6%, 1958년 46.3%에 이릅니다.

이렇게 전쟁미망인은 남편을 대신하여 가장의 신분으로서 가정을 꾸려 나가며 사회와 접촉했습니다. 전쟁미망인은 남성은 노동시장에 나가 노동자이자 가장으로서 가족의 생계를 책임지는 존재임에 반해 여성은 가정에 남아 집안일을 하면서 남성(남편)에게 생계를 의존하는 존재라는 성별 분업 체계를 깨뜨렸습니다. 또한 시댁(호주)의 도움 없이 홀로서기를 하면서 전통적인 가부장제에 균열을 냈습니다. 전쟁미망인을 포함하여 여성들에게 주어진 이러한 역할은 계층의 구분 없이 혹독한 시련이었지만 여성의 지위를 향상시킬 수 있는 새로운 가능성이었습니다.

여기서 다시 영화 「자유부인」 이야기로 돌아가보겠습니다. 영화는 양품점에서 일하는 주인공 오선영이 계모임에 참가하면서 춤바람이 나 '현모양처'의 길을 버리고 '자유부인'이 되는 것으로 설정합니다. 전후 한국 사회에서 계모임은 여성의 허영과 사치를 자극하여 타락으로 이끄는 빌미로 사람들의 입에 오르내렸습니다. 한국전쟁 뒤부터 계는 '부녀계'라고 불릴 정도로 여성이 꾸려왔는데, 계로 인해 가정불화, 이혼, 자녀에 대한 무관심, 자녀의 가출, 그리고 청소년 범죄 따위가 일어났다고 해서 여성들은 줄곧 비난받았습니다.

사실 계는 전쟁으로 가정경제가 무너지자 사회로 나왔던 여성들에게 금

▲ 연이은 계 파탄(《전망》 1955년 창간호)

▲ 고리화한 계에 대한 풍자
(《여성계》 1955년 5월호)

융기관 역할을 했습니다. 법률적으로 무능력자였던 여성들은 장사를 하거나 돈벌이를 할 때 담보물이 있어도 금융기관에서 대출을 받을 수 없었습니다. 이런 형편에 계는 장사 밑천이나 학자금을 마련하거나 저축을 하는 데 가장 효율적인 수단이었습니다. 아울러 계모임을 통해 여성들은 사회 정보도 얻고 바깥세상과 접촉할 수 있었지요.

　만성적인 실업, 높은 물가고, 낮은 임금이라는 현실은 여성 노동을 지속적으로 필요로 했습니다. 여성들이 노동시장에서 물러나기가 어려운 현실임에도 가정으로의 복귀를 강조한 것은 여성 노동을 일시적이고 보조적인 것으로 여기려는 태도 때문입니다. 이는 여성의 사회 활동에 대한 남성들의 두려움의 표시였습니다. 그리고 불건전한 기혼 여성의 이미지인 자유부인을 교정하여 그러한 두려움을 없애려고 했던 것이지요. 「자유부인」의 작가

정비석은 '노라들이 가두에 나와서 건전한 직업전선으로 나가는 모습을 혹은 건전한 여성상을 그려 달라'는 사회의 요구에 「자유부인 가정 방문기」라는 글로 답했습니다.

이태 만에 만나는 오 여사는 (…) 계에 미치고 댄스에 혹해 돌아가던 이태 전의 천박한 티는 추호도 찾아볼 길이 없었다. 영화에 대한 감상을 말하는 데도 직접 자신을 내세우지 않고, 남편의 의사를 대변하는 형식을 취하는 것도 전에는 볼 수 없었던 신중성이었다.(〈여원〉 1956년 5월호)

문명

농업신은 왜
여성신이 많은가?

기우제와 묘 파헤치기

전남 장성군 황룡면 월평리 뒷산 월선봉이라는 산상에 (…) 지난달 31일 오
전 12시경에 근동 부녀 수백 명이 집합하여 분묘를 발굴하는 동시에 장성경
찰서원 4, 5인이 현장에 출장하여 굴총을 금지하였으나 듣지 아니하므로 출
장한 경관과 충돌이 되어 여자 2명이 중상을 당하였다고 장성경찰서에 치
료비를 요구코저 동 경찰서에 남녀 수백 명이 쇄도하므로 그것을 방지코
저 경관 수십 명이 일일이 조사하는 중에 경관들에게 돌멩이를 던지며 인민
을 보호하는 순사가 사람을 중상시켰으니 치료하여 달라 하며 (…) 경찰서
는 선동자를 조사 중이며 중상자는 치료 중이나 한 명은 생명이 위독하다더
라.(〈동아일보〉 1929년 8월 3일)

위 기사는 수백 명의 여성들이 남의 묘를 파헤치자 이를 막는 경찰과 충

돌해 여성 2명이 크게 다쳐 마을 주민들이 경찰서 앞에서 투석전까지 벌이면서 치료비를 요구했던 사건을 다루고 있습니다. 당시 신문 기사를 보면 여성들의 묘 파헤치기와 이를 막는 경찰들의 충돌이 심심찮게 일어나고 있습니다. 일제강점기에 조선인이 두려워했던 경찰과 충돌까지 하면서 여성들이 왜 남의 묘를 파헤쳤는지 궁금하네요. 왜 그랬을까요?

경남 창원군 창원면 소계리에서는 지난 24일 오전 10시경에 전동(全洞) 부녀가 호미와 괭이를 가지고 총출동하여 천주산 용지등에 묘 파러 간다 하여 풍물을 선두로 하여 등산하였다는데 수신이 있는 산에 묘를 써서 비가 오지 않는다 하여 그와 같이 전 동리 부인이 총출동하여 그 묘를 파서 소계리 공동묘지에다 옮기었다는데…(〈동아일보〉 1929년 6월 27일)

지난 2일에는 부녀들 수백 명이 각처에서 모여들어 나주 주산인 금성산에 암장하여 있는 분묘 10개소를 발굴하였으나 경관도 수수방관할 수밖에 없는 형편이었고…(〈동아일보〉 1932년 8월 5일)

호남선 송정 지방은 희유의 장기 한발로 인하여 (…) 기우제를 지내기 시작하여도 (…) 비는 여전히 오지 않으므로 지난 9일 오전부터 근처 13부락 농가 부인 수천 명이 송정 명산 금봉산 상봉에 운집하여 누가 금봉산에 묘를 써서 비가 오지 않는다 하고 수 개소의 고총을 파하였다 한다.(〈동아일보〉 1939년 7월 11일)

여성들의 묘 파헤치기가 해마다 일어났던 일은 아닙니다. 기우제를 지냈는데도 비가 오지 않으면 여성들이 나서서 묘 파헤치기를 했던 것입니다. 이는 수신(水神)이나 산신(山神)이 있는 산에 묘를 썼기 때문에 비가 오지 않는다고 믿었기 때문이지요.

농경 사회에서 기우제는 가뭄에 대처하는 한 방법입니다. 기우제는 가뭄이라는 위기의 순간에 비를 부르는 의례이자 흉흉한 민심을 다독거리는 수습책이었습니다. 1899년 가뭄이 심하자 고종은 40여 일 동안 13차례나 기우제를 지냈습니다. 기우제는 시대에 따라 지역에 따라 다양한 방식으로 나타나는데요, 묘 파헤치기는 그중 가장 적극적인 행동입니다. 일제강점기에 묘 파헤치기는 묘지 규칙 위반죄로 취조를 받고 벌금을 물거나 충돌로 인해 생명이 위독하기도 했고 미신이라 비난받기도 했지만 여성들은 그에 아랑곳하지 않았던 것 같습니다.

여성이 비를 바라는 주술 행위의 주체가 되는데, 이는 여성의 기 곧 음기로 양기인 가뭄을 눌러 비를 내리게 한다는 믿음에서 비롯된 것입니다. 그런데 음양이론에 앞서 여성이 농경과 긴밀한 연관이 있기 때문에 주술 행위의 주체이지 않았을까요? 그러면 여성이 농경과 어떤 연관이 있었는지 아주 먼 과거로 떠나봅시다.

신석기 혁명의 주체들

구석기시대에는 빙하기와 간빙기가 반복해서 나타났습니다. 구석기시대 사람들은 비교적 기후가 따뜻한 간빙기 때 산과 들을 돌아다니며 열매를 따거나 사냥을 하고 강가나 바닷가에서 물고기를 잡아먹었습니다.

빙하기가 끝나고 기후가 변화하자 생활환경도 바뀌었습니다. 기온이 따뜻해지고 주위에 먹거리가 많아지면서 사람들은 한곳에 오래 머물게 되었지요. 이때부터 신석기시대가 시작되고, 이어서 신석기 혁명이 일어나게 됩니다. '혁명'이라는 말은 '어떤 상태가 급격하게 발전하거나 변화하는 일'을 뜻하기도 하는데, 곧 신석기시대가 되면서 무언가 엄청난 변화가 생긴 것이지요. 바로 농사를 짓기 시작한 것입니다.

사람들은 한곳에 오래 머물다 보니 한 장소에서 같은 종류의 식물이 자라고 해마다 똑같은 열매를 맺는다는 사실을 알게 되었습니다. 이런 생각을 하고 실천에 옮긴 것은 바로 여성들이었습니다.

앞에서 말했듯이 구석기시대 사람들은 열매를 따거나 물고기를 잡거나 작은 동물을 사냥해서 먹거리를 얻었습니다. 동물을 사냥하는 일은 대개 남성들이 했고, 여성들은 아이를 낳고 길러야 했기 때문에 보금자리에서 멀리 떨어질 수 없어 열매를 따거나 풀을 뜯는 일을 했습니다. 그러다 보니 여성들은 어떤 식물이 상처를 낫게 하는지, 독풀인지 아닌지 따위를 기억하게 되었고 어떤 곳에 어떤 식물이 자라는지 관찰할 수 있었습니다. 그러면서 자연스럽게 씨를 뿌리면 열매를 맺는다는 사실을 알게 된 것이지요. 신석기

◀ 빗살무늬토기

시대 여성들은 주로 조, 수수, 피 따위를 밭에 심었습니다. 벼농사가 시작된 것은 훨씬 뒤 청동기시대의 일입니다.

여성들은 농사를 짓기 시작하면서 남는 먹거리를 보관할 수 있는 그릇이 필요하다고 느꼈습니다. 그래서 강가나 바닷가의 부드러운 흙으로 그릇을 만들었는데, 이 그릇을 토기라고 합니다. 토기는 인류 역사상 최초의 발명품입니다.

토기를 사용하면서 음식을 만드는 방법도 다양해졌습니다. 불에 직접 굽는 것뿐만 아니라 삶거나 찌거나 끓이기 따위의 조리법이 생겼지요. 거둬들인 곡식은 먼저 껍질을 벗기고 나서 갈판에 놓고 갈돌로 갈아 가루를 만들었습니다. 그리고 이 가루를 물에 넣어 끓여 죽처럼 만들거나 시루를 이용해 쪄 먹었답니다.

신석기시대 또 하나의 발명품은 천입니다. 식물과 동물 털을 이용해 실

◀ 가락바퀴

을 만들고 그것을 옷감으로 짜기 위해서는 기구가 필요합니다. 신석기 유적지에서 실을 만드는 기구의 일부인 토기나 돌로 만든 가락바퀴가 발견되었습니다. 실과 천을 만드는 기구야말로 인류 최초의 기계로 여성이 만든 것이랍니다.

신석기시대 여성들은 새벽부터 저녁 무렵까지 바쁘게 일했습니다. 농사짓기, 토기 만들기, 조가비로 팔찌나 목걸이 따위의 장신구 만들기, 동물 가죽으로 옷 만들기, 나무껍질로 바구니 짜기, 아이 기르기, 움집 만들기, 간단한 도구 만들기 등등. 이 모든 일을 손으로 했으니 얼마나 힘들고 바빴을까요?

힘들긴 했지만 여성들은 신처럼 숭배되었습니다. 여성은 새로운 생명을 만들어낼 수 있고, 신석기혁명을 일으킨 존재였기 때문이지요. 그래서 유럽이나 메소포타미아 지역, 인더스강 유역, 중국과 일본 등 세계 곳곳의 신

◀ 울산 신암리 신석기시대 여성상

▲ 서 있는 토우(죠몬, BC1000-AD 1)

▲ 서 있는 여성상
　(메소포타미아, BC2000-1750)

석기시대 유적에는 여성상이 많이 발견됩니다. 이 여성상들은 가슴과 엉덩이와 배를 강조했는데 대개 '비너스'라고 불립니다. 우리나라에서도 함경북도 청진시 농포동에서 두 손을 앞으로 모은 여성 조각품이 발견되었습니다. 울산광역시 신암리에서도 '신암리 비너스'라는 애칭으로 불리는 몸통만 남은 여성상이 발견되었지요. 그리고 중국 요령성 우하량 신석기 유적의 대형 여신묘와 여성상, 일본 죠몬시대의 조개 목걸이를 한 여성 인골과 여성 토우 등은 동아시아 지역에서도 여신 신앙이 널리 퍼졌음을 짐작하게 합니다.

농업신과 산신

우리 신화에서 세상의 시작을 알린 창조신은 마고할미입니다. 지역에 따라 안가락할무이, 설문대할망으로 부르는데, 이들은 모두 거인입니다. 마고할미는 하늘과 땅이 나누어지기 전에 나타나 하늘과 땅을 떨어지게 하고 세상의 모든 것을 만들었습니다. 이렇게 세상을 만든 여신을 우리 신화에서는 '대모신(大母神)'이라고 하는데, 이 말은 '위대한 어머니 신'이라는 뜻입니다.

지구상 모든 곳에서 대모신은 우주이자 우주 만물의 창조자입니다. 인류 태초의 문화권에서는 남신인 천신보다 여신인 대모신이 먼저 등장합니다. 대모신이 중심 되는 일원적 사회는 하늘과 땅의 이분법적 사고가 굳어지면서 남신 곧 천신 중심의 사회로 바뀌는데, 지모신(地母神)은 주로 천신의 배우자자로 등장합니다.

마고할미 같은 대모신이 지모신으로 자리 잡은 때는 건국신화에서 영웅이 출현하는 때입니다. 나라가 세워지는 때와 일치하지요. 무속 신앙의 당금애기, 역사책에 기록된 웅녀, 유화, 알영은 모두 지모신입니다. 이들은 건국신화에서 하늘에서 내려온 남신의 아내이거나 건국 시조를 낳는 여신으로 나옵니다. 지모신은 글자 그대로 '땅의 어머니'라는 뜻으로 생산과 출산의 신, 대지의 여신입니다. 그런데 유럽에서 여신이 사라진 것과 다르게 동아시아 지역에서 지모신은 대모신의 역할과 칭호를 갖고 있습니다.

그리고 농경문화 중심의 사회가 형성되면서 농경신이 등장합니다. 제주도 신화에서 농업신은 자청비입니다. 제주도의 서사무가 '세경본풀이'는 상세경 문도령, 중세경 자청비, 하세경 정수남 등 삼세경의 내력을 풀어내는 신화입니다. 신화는 자청비의 탄생, 자청비와 문도령의 만남과 이별, 자청비를 탐하려는 정수남, 자청비와 문도령의 재회와 결합, 자청비의 귀환과 삼세경 좌정으로 이루어져 있습니다. 물론 신화의 주인공은 자청비입니다.

자청비는 하늘나라에 변란이 일어나자 서천 꽃밭에 가서 생명을 죽이는 악심꽃을 가져와 난을 진압한다. 자청비는 이 공을 인정받아 하늘 옥황으로부터 '오곡종자'와 '열두시만국'을 얻어 음력 칠월 열나흗날 문도령과 함께 지상으로 내려온다. 와서 보니 부모는 죽어 없고 정수남은 굶어서 죽어가고 있었다. 자청비는 정수남을 위해 밥을 준 늙은이의 밭에 풍년을 주고, 밥을 주지 않은 아홉 형제의 밭에는 흉작을 준 후 정수남을 목축신으로 좌정시켜 마 불림제를 얻어먹고 살게 한다. 그러나 그녀가 지상으로 와보니 메밀씨를 잊 고 와서 하늘에 가서 다시 가져왔기에 메밀은 수확 시기가 조금 늦게 되었 다.(국립민속박물관 엮음, 『한국민속신앙사전: 무속 신앙』, 2010)

자청비는 곡물 씨앗을 하늘에서 땅으로 가져와 사람들에게 농사를 짓도 록 했습니다. 그리고 자기의 하인인 정수남을 죽였다 살리기도 합니다. 이 런 면에서 자청비는 생산 능력을 보여주는 신입니다. 자청비로 인해 농경이 시작되자 가축은 이제 고기 제공이 아니라 농경을 위한 노동력의 원천이라 는 새로운 의미를 갖게 되었습니다. 자청비는 정수남을 목축신으로 자리 잡 게 했는데 이로써 농경문화 안에 과거의 목축문화를 받아들였음을 알 수 있습니다.

무속 신앙에서 여성 산신은 산신아기씨, 산신할머니 따위로 불렸습니다. 산신은 산 밑 마을을 지켜주는 신이기도 한데, 대개 날씨와 관계됩니다. 산 신은 마을 문제를 해결하는 신이지만, 농업신이나 사냥신으로 나타나기도 합니다.

여성 산신은 무속 신앙에만 등장하는 것이 아니라 문헌 기록에도 많이 나와 있습니다. 신라에는 여성이 산신으로 많이 나타납니다. 신라를 대표하 는 여성 산신은 선도성모인데, 신모라고도 부릅니다.

선도성모는 본래 중국 황실의 딸로 원래 이름은 사소다. 일찍이 신선의 술법을 배워 해동에 와서 머물면서 오랫동안 돌아가지 않았다. 그러자 아버지인 황제가 솔개 발에다 "솔개가 머무는 곳으로 가서 집을 삼아라"라고 쓴 편지를 매어 사소에게 보냈다.

사소는 솔개가 머무는 곳으로 따라와 그곳을 집으로 삼고 그 땅 신선이 되었다. 그래서 산 이름을 서연산, 곧 서쪽 솔개의 산이라고 했다. 이 산은 나라가 창건된 이래로 있어왔던 삼사(三祀) 즉 세 신당 중 하나였고, 큰 제사 때도 늘 윗자리를 차지했다. (…) 신모가 처음으로 진한에 이르러 신령스러운 아들을 낳아 동쪽 나라의 첫 임금이 되게 하였으니 혁거세와 알영을 말하는 것 같다.(『삼국유사』 감통편)

선도성모는 서연산의 산신으로 신라를 보호하는 호국신입니다. 신라를 세운 박혁거세의 어머니이기도 하지요. 이 밖에도 대가야의 왕후 정견은 죽어서 가야산신이 되었고, 남해차차웅의 왕비 운제는 운제산 성모로 떠받들어졌습니다. 운제산 성모는 가뭄이 들었을 때 기도하면 응답했다고 합니다. 치술령의 산신은 신라의 재상 박제상의 아내입니다.

산신이 여성으로 묘사되는 경우는 고려시대에도 변함없었습니다. 지리산 천왕봉에는 고려 태조의 부인 위숙왕후라 불리는 여인상이 모셔져 있는데 이 여인이 산신이었다고 합니다. 여성이 산의 주인이었다는 사실은 산 이름에서도 확인할 수 있습니다. 모악산, 대모산같이 산 이름에 '어미 모(母)' 자가 들어 있는 것은 산신이 여성이기 때문입니다.

농경의 비중이 커지자 산신도 민중의 필요에 따라 농경신으로 변모하게 되었습니다. 이에 따라 동물 형상으로 나타났던 산신은 여신으로 변화했지요. 농경과 여성의 관련성은 부인할 수 없는 사실이며, 여성은 대지나 달과 같은 우주적 풍요의 중심과 결합되어 있고 풍요와 다산에 영향을 미친다고 여겼습니다.

건국신화의 여성들과 여제사장

신석기시대의 여성 숭배는 마고할미, 자청비, 당금애기 같은 신화로 이어졌습니다. 이 신화는 입에서 입으로 전해져 오늘날 우리에게 알려졌습니다. 그렇다고 이 여신들이 신화로만 존재했던 것은 아닙니다. 나라를 세우는 데 큰 역할을 한 여성들은 모두 여신으로 숭배되었습니다.

고구려를 세운 주몽이 활을 잘 쏘고, 부여를 떠나 새로운 땅으로 가서 나라를 세울 수 있었던 데에는 어머니 유화의 힘이 컸습니다. 유화는 물의 신하백의 딸이었는데, 스스로 천신의 아들이라고 말하는 해모수를 만나 결혼했지요. 하백은 유화가 부모의 허락도 없이 결혼한 것을 알고 태백산 남쪽 우발수로 쫓아버렸습니다. 유화는 그곳에서 동부여의 왕 금와를 만나 그를 따라 동부여에 가서 살게 되었고, 그곳에서 주몽을 낳았습니다.

주몽이 어렸을 때 파리들 때문에 잠을 이루지 못하자 유화는 주몽에게 활과 화살을 만들어주었습니다. 뒷날 주몽이 활을 잘 쏠 수 있었던 것은 어렸을 때 어머니가 활과 화살을 만들어주어 재능을 키워주었기 때문입니다.

금와왕의 아들들이 자신을 해치려는 것을 알고 주몽이 동부여 땅을 떠날 때 유화는 곡식 씨앗을 싸주었습니다. 주몽은 어머니와 헤어지는 게 너무 슬퍼서 보리씨를 미처 챙기지 못한 채 길을 떠났습니다. 그런데 주몽이 큰 나무 밑에서 쉬는데 비둘기 한 쌍이 날아왔습니다. 주몽이 활을 쏘아 한 번에 비둘기 두 마리를 떨어뜨리고 비둘기의 입을 벌리자 보리씨가 나왔습니다. 주몽이 보리씨를 거두고 물을 뿜자 비둘기들이 되살아나 날아갔답니다.

자청비가 땅으로 내려올 때 씨앗을 가져와 농사를 짓게 하고 농업신이 되었듯이 유화도 주몽에게 곡식 씨앗을 건네주어 농업신이 되었지요. 이런 까닭에 유화는 부여와 고구려에서 오랜 동안 신모로 떠받들어졌습니다.

고구려에서는 시조신과 신모를 함께 제사했습니다. 유화는 고구려의 지모신이자 물의 신이면서 농업신이었으며, 고구려가 멸망할 때까지 국가의 수호신이었습니다.

주몽이 동부여를 떠나 졸본부여에 도착했을 때 졸본부여왕은 주몽을 자신의 둘째 딸 소서노와 결혼시켰습니다. 소서노는 주몽이 고구려를 세우는 데 경제적으로 큰 도움을 주었습니다. 그런데 동부여에서 낳은 아들 유리가 주몽을 찾아오자 소서노와 소서노가 낳은 아들 비류와 온조는 적지 않은 충격을 받았습니다. 결국 비류와 온조는 소서노와 함께 따르는 사람들을 이끌고 미추홀로 내려왔습니다. 온조는 하남 위례성에서 백제를 세웠지요. 이때도 소서노는 나라를 세우는 데 필요한 경제적 도움을 주었습니다.

『삼국사기』에는 온조왕 13년에 소서노가 죽었을 때 백제에서 이상한 일들이 일어나고 말갈족의 침입을 받는 등 안팎으로 큰 어려움을 겪었다고 기록되어 있습니다. 온조왕 17년에 소서노를 기리는 제사를 지냈는데 이는 백제 사람들이 소서노를 나라를 세운 사람이자 지모신으로 여겨 숭배했기 때문입니다.

주몽에게 곡물 씨앗을 전해준 유화는 고구려에서 신모로 숭배되었고, 고구려와 백제를 세우는 데 큰 역할을 한 소서노는 백제에서 신모로 숭배되었습니다. 그러면 신라를 세울 때에는 유화나 소서노 같은 여성이 없었을까요?

어떤 이야기에서는 박혁거세가 태어난 날 연못에 닭 모양을 한 용이 나타나 알영을 낳았다고 전해지며, 다른 이야기에서는 산신인 선도산 신모가 박혁거세와 알영을 낳았다고 전해지기도 합니다. 태어날 때 입술이 닭 부리 모양이고, 왕후가 되었다는 사실만으로도 알영은 사람들에게 신성한 존재였습니다. 왕후가 된 알영은 박혁거세가 6부를 두루 다닐 때 함께 다니면서 백성들에게 농사짓기와 누에치기를 알려주었습니다. 그래서 알영은 신라 사람들에게 지모신이자 농업신이며 신모로서 숭배의 대상입니다.

이렇게 고구려, 백제, 신라 사람들은 유화, 소서노, 알영을 지모신이자 농업신, 그리고 나라를 지켜주는 호국신으로 오랫동안 숭배했습니다. 가야 사람들은 수로왕의 왕비 허황후를 모셨지요.

고구려, 백제, 신라에서는 나라의 큰 제사를 여성들이 맡았습니다. 고구려에서는 동맹이라는 제천의식 때 동쪽에서 동굴신을 모셔와 제사를 지냈는데, 이 동굴신이 바로 유화라고 합니다. 그러면 이 제사를 맡은 사람은 누구일까요? 지모신이나 농업신, 그리고 국모에게 지내는 제사는 여제사장이 맡았답니다. 비록 고구려 기록은 아니지만 신라에서는 이를 여성이 맡았다는 기록이 남아 있습니다.

신라 2대 남해왕이 시조인 혁거세 사당을 세웠다. 1년에 네 번 제사를 지냈는데 누이인 아로가 그 제사를 맡아서 했다.(『삼국사기』잡지편)

신라를 세운 박혁거세를 기리기 위해 사당을 만들고 왕의 누이인 아로가 제사를 지냈다는 내용입니다. 아로는 여제사장으로 지모신이나 농업신에게 제사 지내는 일을 맡았던 것으로 생각됩니다. 여제사장이 시조묘 제사를 지낼 때 금관을 썼다는 이야기도 있습니다. 예전에는 왕관이라 여겨 남성만이 썼던 것으로 이해했는데 여성 무덤인 황남대총 북분에서도 금관이 출토되었습니다. 금관의 세움장식 다섯 모두가 나뭇가지 모양이고 금

▲ 황남대총 북분 금관

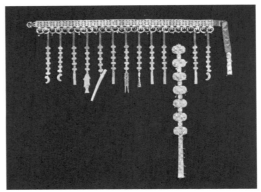

▲ 황남대총 북분 허리띠

관의 속관에 끼우는 커다란 새 날개 장식도 닭의 날개인데, 이는 곧 박혁거세의 생모로 알려진 경주시 선도산(서술산)의 산신인 서술성모의 상징인 셈입니다.

여제사장에 관한 기록에는 아로뿐만 아니라 노구라는 할머니도 자주 나옵니다. 신라의 시조는 박혁거세, 석탈해, 김알지로 알려져 있습니다. 그 가운데 석탈해는 혁거세 왕의 고기잡이 할미인 아진의선이 키웠습니다. 아진의선은 그냥 고기 잡는 노파가 아니라 하늘에 제사 지내는 사제였습니다. 석탈해를 태운 배를 발견한 아진의선이 이를 계림 밑에 두고 하늘에 좋은 일인지 나쁜 일인지 묻는데, 이런 행동은 곧 제사를 지내는 과정으로 아무나 할 수 있는 일이 아니었습니다.

고구려 유리왕의 아들 대무신왕이 부여를 징벌하러 가는 길이었습니다. 대무신왕이 비류수 강가에 이르렀는데 한 여인이 솥을 들고 즐겁게 춤을 추고 있었습니다. 다가가보니 사람은 없고 솥만 있었습니다. 왕은 그 솥으로 밥을 짓게 했지요. 그런데 불을 지피지도 않았는데 스스로 밥이 지어져 모든 군사들이 배부르게 먹을 수 있었습니다. 그때 한 사내가 나타나서 "이 솥은 본래 내 집 물건인데, 내 누이가 잃어버렸습니다" 하고 말했답니다.

대무신왕이 비류수 강가에서 발견한 솥은 제사에 사용되었던 물건입니다. 제기를 들고 춤을 추는 모습은 제의를 주관하는 여사제의 모습이지요. 청동이나 철제로 만든 솥은 정치적 권위를 상징하는 물건으로 주로 제기로 사용되었습니다.

제사를 주관하는 여사제인 노구는 그 밖에도 왕이 잘못하면 이를 깨우

쳐주는 일도 했습니다. 백제 온조왕 때에는 노구가 남자로 변한 뒤 왕의 어머니가 죽었고, 동성왕 때에는 노구가 여우로 변해 도망하자 왕이 자객에게 살해당했다는 이야기도 전해집니다.

이렇게 신에게 제사 지내는 여성들인 노구는 삼국시대 초기까지 나랏일에 큰 영향을 미쳤습니다. 곧 여제사장의 힘은 고대국가에서도 이어졌던 것입니다.

신석기시대 여성상의 제작은 논농사가 시작된 청동기시대에 들어오면서 줄어들었습니다. 그렇지만 여성들은 초기 국가 형성 과정에서 농업과 양잠을 담당하면서 농업신이자 시조신으로 숭배되었고, 철기시대에도 나라의 큰 제사를 담당하는 여제사장의 임무를 담당했습니다.

정치

'망하지 않은 것이
천만다행'이란 뜻은?

덕만과 승만은 참 임금이 아니었다?

'망하지 않은 것이 천만다행이다'라는 뜻을 알기 위해 먼저 아래 글을 읽어
봅시다.

신이 듣자오니 옛적에 여와씨가 있었으나 그녀는 천자는 아니었고 복희씨
를 도와 구주를 다스렸을 뿐이었다. 여치와 무조 같은 이는 어리고 잔약한
임금을 만났으므로 조정에 임하여 정사를 대신 행했으나, 역사 서적에서는
공공연하게 왕이라고 하지는 않았다. 다만 고황후 여씨, 측천황후 무씨라고
만 쓴 것은, 하늘의 이치로써 이를 말한다면 양은 굳세고, 음은 부드러우며,
사람으로서 이를 말한다면 남자는 높고 여자는 낮음이니, 어찌 늙은 할미가
안방에서 나와 국가의 정사를 결단함을 허용하겠는가. 신라는 여자를 세워
서 왕이 되게 했으니 진실로 어지러운 세상의 일이라 하겠으며, 나라가 망

하지 아니함이 다행이라 하겠다. 『서경』에서는 "암탉이 울어 때를 알리면 집안이 망한다"고 했고 『역경』에서는 "음물인 돼지가 양물을 해친다"고 했으니 그것이 경계할 일이 아니겠는가.

이 글은 김부식이 쓴 『삼국사기』에 나옵니다. 『삼국사기』는 삼국시대를 이해하는 데 중요한 자료이자 김부식의 역사관이 잘 드러난 역사책입니다. 김부식은 유학자의 눈으로 세상을 판단했는데, 가장 잘 나타나는 부분이 바로 선덕여왕에 대한 평가입니다. 그는 선덕여왕을 평가하기에 앞서 중국의 역사를 사례로 듭니다. 중국의 창조신 여와, 한 고조의 아내 여치, 당 고종의 아내 무조는 왕을 대신해서 정치를 했지만 역사책에서는 왕이라고 기록하지 않았다고 평합니다. 그런데 신라는 여자를 왕으로 세우다니 '나라가 망하지 않은 것이 천만다행이다'라고 안도하면서 앞으로 이런 일이 없어야 한다는 훈계도 잊지 않습니다. 여성들이 흔히 듣는 '암탉이 울면 집안이 망한다'는 말까지 들먹이면서 말입니다. 선덕여왕에 대한 이러한 평가는 김부식이 처음으로 한 것은 아닙니다.

선덕여왕이 살았던 그때도 '여자라서 안 된다'는 말이 다반사였습니다. 진평왕이 세상을 떠나기 1년 전, 칠숙과 석품이 난을 일으켰습니다. 진평왕이 딸에게 왕위를 잇게 하자 불만을 드러낸 것이지요. 또 선덕여왕이 진덕여왕을 후계자로 삼았을 때 상대등인 비담이 반란을 일으켰습니다. 비담은 '여자는 나라를 잘 다스릴 수 없다'는 이유를 내걸었지요. 비담의 생각은 그 뒤에도 계속 이어졌습니다. 고려시대, 조선시대에 가면 선덕여왕에 대한 평가는 더욱 가혹해집니다. 조선시대 성리학자들은 선덕여왕과 관련된 설화를 접하거나 유적을 둘러보면서 불편한 감정을 곧잘 표현했습니다.

아래 시 「무열왕릉」은 조선시대 선비 조위가 쓴 것인데 한번 읽어볼까요?

옛날 음이 양 된 걸 생각하자니
덕만과 승만 참 임금 아니었다
강한 이웃나라 제멋대로 침략하여
사방의 국경에는 병란이 많았더니
무열왕 들어와서 왕통을 계승하매
우뚝하게 공덕이 무성했네

조위는 사림파의 대표적 인물로 호조참판, 충청도 관찰사 등 여러 관직에서 일했습니다. 이 시는 진덕여왕 다음에 왕이 된 무열왕의 무덤을 보면서 혼란스러웠던 신라가 무열왕 대에 이르러서야 비로소 안정되었다고 말합니다. 무열왕은 선덕여왕을 도왔던 김춘추입니다. 그리고 선덕여왕과 진덕여왕은 거짓 임금이고, 고구려와 백제를 멋대로 침략해서 나쁜 일이 많았다고 합니다. 그런데 무열왕이 왕이 된 것도, 신라가 고구려와 백제의 땅을 차지한 것도 실은 선덕여왕과 진덕여왕이 기틀을 마련해놓았기에 가능했던 일입니다.

조위와 친구로 사림파의 시조였으며 세조의 즉위를 비판하는 「조의제

문」을 지었던 김종직도 이와 비슷한 시를 썼습니다. 김종직은 여근곡에서 백제군을 격퇴한 사건에 대해 "얕은 골짜기에 적군 숨길 수 있었겠나. 옥문은 천년토록 속임수로 이름했네"라며 거짓 이야기를 지어냈다고 비난했습니다. 안정복도 『동사강목』에서 황룡사 9층탑 건설을 두고 "쓸데없는 곳에다 써버리고 그 신의 도움만을 바랐으니 슬프다. 나라가 망하지 않은 것이 다행이다"라고 평가했습니다.

진성여왕에 대한 평가도 마찬가지입니다. 진성여왕은 무너지는 신라를 일으켜 세우려고 했지만 성공하지 못했습니다. 사실 신라는 골품제 때문에 더는 발전하지 못한 데다가 진골 귀족들이 서로 왕이 되겠다고 싸우는 바람에 나라가 어려워졌습니다. 그런데도 후대 사람들은 진성여왕 때문에 신라가 망했다는 이야기를 만들어냈습니다. 조선시대 선비들은 아예 신라가

▲ 영화 「요화 진성여왕」 포스터

멸망한 까닭을 진성여왕이 방탕하고 사치했기 때문이라고 말했지요. 이런 생각은 현대에도 이어졌습니다. 1964년에 만든 영화 「요화 진성여왕」 포스터에도 '신라 천년의 사직을 색정으로 물들인 요화 진성여왕'이라고 쓰여 있습니다. 신라가 멸망한 것은 농민 봉기가 있던 때부터 46년이 지난 935년이었고, 그동안 5명의 왕이 자리에 있었는데 말이지요.

비슷한 일을 해도 여성이 하면 나쁜 일로, 남성이 하면 좋은 일로 여겼기 때문에 '단지 여자라는 이유로' 얼마나 가혹하고 혹독하게 평가했는지 알 수 있습니다. 이는 역사적 사실보다 성별을 앞세워 평가하는 대표적인 사례입니다.

아버지 진평왕과 다른 통치술을 발휘한 선덕여왕

왕이 너무 어려 나랏일을 할 수 없을 때 어머니나 할머니가 왕 대신 정치를 하기도 했습니다. 이는 삼국시대뿐만 아니라 고려시대, 조선시대에도 여러 번 있었습니다. 하지만 왕이 아니기 때문에 어린 왕이 자라면 뒷전으로 물러나야 했지요. 하지만 신라의 선덕여왕, 진덕여왕, 진성여왕은 왕이 된 여성들이랍니다.

선덕여왕은 진평왕의 큰딸로 이름은 덕만입니다. 진평왕은 아들이 없어서 덕만에게 왕위를 물려주었는데, 앞에서 말한 것처럼 칠숙과 석품이 반란을 일으켰지만 모두 막아냈습니다. 아버지가 딸에게 왕위를 물려준 사례는 신라가 유일합니다. 진평왕은 신라 왕실과 석가 왕실을 일치시켜 왕권을 강화했습니다. 진평왕과 왕후의 이름은 백정과 마야인데요, 이는 석가모니의 아버지 정반왕과 어머니 마야부인의 이름입니다. 덕만이라는 이름은 수많은 중생을 제도하려 여자의 몸으로 태어났다는 '덕만우바이'에서 유래했다고 합니다.

진평왕이 죽자 덕만공주는 화백회의의 의결에 따라 왕으로 추대되었고, 신하들은 덕만공주에게 '성조황고(聖祖皇姑)' 곧 '거룩한 조상을 가진 여황'이라는 칭호를 올렸습니다.

선덕여왕은 법흥왕, 진흥왕, 진평왕이 펼쳤던 영토 확장 중심의 정책을 바꾸어 나라를 안정시키고 전쟁에 시달린 백성들을 위로했습니다. 덕을 내건 선덕여왕의 통치술은 어질고 화평을 뜻하는 인평(仁平)이라는 연호에도 드러납니다. 선대 왕들은 건원(建元), 개국(開國), 태창(太昌) 따위로 '나라를 세웠다'거나 '다스린다'는 뜻이 담긴 연호를 사용했습니다.

선덕여왕은 왕위에 오르자 관리를 보내 나라 안의 홀아비와 홀어미, 부모가 없는 어린아이와 늙어서 자식이 없는 사람, 혼자 힘으로 살아갈 능력이 없는 사람들을 구제했습니다. 즉위 2년 봄에는 왕이 직접 신궁에 제사를 지낸 뒤 죄수들을 사면했으며, 1년 동안 지방의 세금과 부역을 면제해주었습니다. 선덕여왕이 행한 사면령은 55년 만의 일이었고, 지방의 조세 면제는 80년 만의 일이었습니다. 전국에 사람을 보내 홀아비와 과부를 보살피게 하거나 고위 관료를 보내어 고을을 돌아다니며 백성들을 위무한 일은 지난 100년 동안 전혀 없었습니다. 예전과는 다른 정치가 시작된 것이지요.

즉위 3년 정월에는 연호를 인평으로 바꾸고 분황사를 완성시켰습니다. 연호의 사용은 본격적인 선덕여왕의 시대임을 알리는 것이었습니다. 4년에는 당으로부터 아버지 진평왕의 '낙랑군공신라왕'이라는 작호를 이어받았습니다. 그리고 이찬 수품과 용수에게 명하여 여러 고을을 돌아다니며 백성들의 형편을 보살피게 했습니다. 5년 봄, 선덕여왕은 이찬 수품을 상대등에 임명했습니다. 귀족회의 대표자로 왕을 보좌하거나 때로는 왕을 대신하여 회의를 주재하는 상대등은 법흥왕 18년에 처음 설치돼 신라가 멸망할 때까지 400년간이나 계속된 신라 최고의 벼슬이었습니다. 이로써 선덕여왕은 정국 운영의 주도권을 장악하면서 자신의 지지 세력을 상대등에 임명하고 친정 체제를 갖추었습니다.

즉위 11년, 선덕여왕은 위기를 맞습니다. 백제 의자왕의 공격으로 서쪽 국경 부근 40여 개 성을 빼앗겼고, 서부 전선의 요충지인 대야성마저 함락되었습니다. 이를 타개하기 위해 선덕여왕은 김춘추를 고구려에 보내 협력을 요청했지만 실패하고 맙니다. 그러나 선덕여왕은 위기를 기회 삼아 통일의 기반을 마련하는 군대를 양성했습니다. 대야성 대신 압량군을 서쪽 국경선의 중심 기지로 삼고 김유신을 압량군주로 임명했지요. 선덕여왕 13년, 김유신은 백제를 공격하여 잃었던 7개 성을 되찾았고, 이듬해에는 보병과 기병 1만을 편성하여 백제의 침공에 대응했습니다. 선덕여왕 15년, 당이 고구려를 침략할 때 신라는 3만 군대로 고구려 남쪽 국경을 공격했습니다. 그 뒤 무열왕 대인 660년 백제 총공격에 5만군이 동원되는데, 선덕여왕 때 양성한 군이 그 기반이 되었을 것입니다.

선덕여왕 통치술의 또 다른 특징은 인재의 발탁과 활용입니다. 선덕여왕은 새로운 인물을 등용했고 당에 유학생을 보내 당의 제도와 문화를 배우도록 했습니다. 중국으로 유학 간 승려의 수가 진평왕 때 5명이었는데 선덕여왕 때에는 무려 22명이었습니다. 그 가운데 대표적인 인물이 자장입니다. 자장이 관직에 나오라는 요청을 거절하자 선덕여왕은 당나라 유학을 주선했습니다. 그리고 즉위 11년 대야성 함락으로 국가가 위기에 처하자 선덕여왕은 자장을 불러들여 해결책을 구합니다. 자장은 불교치국책을 제시했는데, 대표적인 정책이 황룡사 9층탑 건립입니다. 그 뒤 자장은 사찰 건립과 불교문화를 정착시키는 데 큰 역할을 합니다. 군대를 통솔한 알천과 김유신은 통일 전쟁에서 크게 활약했고, 김춘추는 외교력을 발휘하여 나당연합군을 결성하는 데 한몫했습니다. 사찰과 탑의 건축으로 예술가의 활약도 많았는데 그중 승려이자 조각가인 양지가 유명합니다.

선덕여왕은 잦은 전쟁으로 황폐해진 민심을 안심시키고 내부 결속을 위한 방법으로 사찰 건립, 국가 법회인 백좌강회 개최 따위의 문화 정책에 치중했습니다. 신라에서는 법흥왕 대부터 진덕여왕 대까지 45개 사찰이 건립되었는데 그 가운데 28개의 사찰이 선덕여왕 때 건립되었습니다. 분황사, 영묘사, 고석사는 선덕여왕이 창건자였지요. 사찰 옆에 시장을 세우고 경제를 활성화하여 여기에서 생기는 이익을 나라 살림에 보탰고, 백성의 복지를 위한 경비와 물자를 조달하는 데 사용했습니다. 선덕여왕이 세운 건축물 가운데 현재까지 남아 있는 대표적인 유물로는 첨성대와 분황사 모전석탑 등이 있습니다.

▲ 첨성대

첨성대는 천문대, 탑, 농업신을 제사 지내는 제단, 선덕여왕 탄생 이미지를 형상화한 우물 따위로 여전히 그 쓰임에 대한 의견이 다양합니다. 그런데 별을 보고 기후를 관찰하던 곳이든 우물이든 농업신에게 제사 지내던 곳이든 모두 농사의 풍작과 관련이 깊습니다. 특히 시조인 알영이 우물에서 태어났고 농업신이었던 점을 떠올린다면 첨성대는 이 모든 것을 아우르는 상징물인 셈입니다.

▲ 분황사 모전석탑

분황사는 '향기로운 임금의 절' 곧 '여왕의 사찰'이란 뜻을 지니고 있습니다. 분황사는 약사여래 신앙으로 유명했는데, 약사여래는 불교에서 중생의 모든 병을 고쳐주는 부처를 말합니다. 분황사를 세운 목적은 민심을 한곳으로 모아 정치적인 안정을 기하려는 데 있었다고 합니다. 1915년 일제시대 때 분황사 모전석탑을 수리하던 중 돌로 만든 사리함이 발견되었는데, 이 사리함에서 옥으로 된 장신구, 실패와 바늘통, 가위, 금과 은으로 만든 바늘 따위의 유물이 나왔습니다.

▲ 분황사 모전석탑 사리함 유물

통일의 기반을 다진 진덕여왕

선덕여왕이 죽자 사촌동생인 승만공주가 왕위를 이었습니다. 그가 28대 진덕여왕입니다. 진덕여왕의 이름 승만은 『승만경』에서 여성의 몸으로 성불을 이룬 승만부인에서 유래했다고 합니다. 『삼국사기』에 기록된 진덕여왕의 모습은 아래와 같습니다.

> 이름은 승만이요 진평왕의 동복아우인 국반 갈문왕의 딸이며 어머니는 박씨 천명부인이다. 승만은 외모가 부대하고 아름다우며 키가 7척이요 손을 늘이면 무릎을 넘겼다.

진덕여왕의 아버지 국반은 석가의 작은아버지 이름입니다. 따라서 진덕여왕은 선덕여왕과 마찬가지로 석가족의 일원인 셈입니다.

선덕여왕이 진덕여왕을 후계자로 삼자 왕위 계승에 불만을 가진 비담이 난을 일으켰는데, 이때 선덕여왕이 세상을 떠났고 진덕여왕이 왕위에 오르게 됩니다. 비담의 난은 10여 일간 공방 끝에 김유신에게 진압되었습니다.

진덕여왕은 즉위하자 태화(太和)라는 연호를 사용했습니다. 이때 고구려, 백제, 신라 사이에 전쟁이 잦았는데 고구려와 백제가 동맹을 맺자 신라는 당과의 외교를 통해 나라를 안정시키려고 했습니다. 진덕여왕은 당 고종에게 「태평송」을 지어 보내고 김춘추의 아들을 당에 보내 군사를 요청했습니다. 또한 7세기의 유동적인 동아시아 국제 정세 속에서 외교를 강화하기 위해 영객부와 예부를 정비했습니다. 영객부는 외국 사신의 접대와 외교를 맡아보던 관청입니다.

한편으로는 국내 개혁도 본격적으로 시행했습니다. 왕으로서의 위엄을 세우기 위해 새해에는 모든 신하들을 모아 왕에게 인사하도록 했고, 신하들의 의복을 중국식으로 바꾸는가 하면 종래의 관직을 고쳐 국왕 직속의 최고 관부인 집사부를 설치했습니다. 집사부의 최고 책임자는 왕권의 방패막 같은 역할을 맡아 귀족들의 비판을 막아주었지요. 그리고 국가 질서를 확립하는 법률 제정 기관으로 좌리방부를 설치하고 왕궁의 호위를 맡는 친위 군영인 시위부를 재편했습니다. 시위부의 장군 6명을 하위 관등의 인물로 임명했는데 이는 귀족 세력의 반발에 대비하고자 한 것입니다. 시위부는 단순히 왕궁의 호위만 담당한 것이 아니라 왕권을 행사하는 데 주요한 군사적 배경이 되었습니다. 집사부, 좌리방부, 시위부는 오늘날 행정, 입법, 국방에 해당하는 기관으로, 진덕여왕은 이 기관들을 정비하여 왕권을 공고히 했습니다.

고구려나 백제는 중국과 부딪치다 보니 중국의 영향을 많이 받았지만 신라는 상대적으로 중국의 영향이 적었고, 왕보다는 귀족들의 힘이 센 편이었습니다. 그래서 귀족들이 일으킨 반란이 많았습니다. 중국의 법률과 행정제도는 귀족들 사이의 갈등을 줄어들게 했고, 왕 중심의 통치 권력을 강화시켰습니다.

선덕여왕이 주로 다원적인 문화 정책과 백성들의 위무를 주로 하는 통치를 했다면 진덕여왕은 외교를 강화하고 중국의 제도를 들여와 국내 개혁을 단행했습니다.

선덕여왕을 따라 혼란을 수습하려던 진성여왕

> 2년 5월에 왕이 질병에 걸려 시중 준흥에게 이르되 "내 병이 위중하니 다시
> 는 일어나지 못할 것이다. 불행히 왕위를 이을 자식이 없다. 그러나 누이 만
> 은 천성이 총명하고 민첩하며 뼈대는 남자와 비슷하니 경들은 마땅히 선덕
> 과 진덕의 옛일을 본받아 그를 왕위에 세우는 것이 좋겠다"고 했다.(『삼국사
> 기』 신라본기)

진성여왕의 이름은 만입니다. 진성여왕의 아버지는 경문왕이고 어머니
는 헌안왕의 큰딸 영화부인입니다. 진성여왕은 오빠 정강왕이 즉위한 지
1년 만에 병으로 사망하자 오빠의 뜻에 따라 왕위를 이어받았습니다.

진성여왕은 나라를 다시 튼튼히 하려고 선덕여왕의 통치술을 따르고자
했습니다. 즉위하자 지방에 1년 동안 세금과 부역을 면제해주는 조치를 취
하고 죄수들에게 사면령을 내렸습니다. 또한 황룡사에서 백좌강회를 열어
호국 의지를 다지는 한편 민심을 수습하고자 했습니다. 그리고 위홍과 대구
화상을 시켜 지금까지 내려오는 향가를 모아 『삼대목』이란 책을 편찬하도
록 했습니다.

그런데 한번 세금을 내지 않은 지방민들은 다음 해에도 조세를 납부하지
않았습니다.

나라 안의 여러 주와 군에서 공물과 조세를 보내오지 않아 나라의 창고가 텅

비어 국용이 궁핍하게 되었으므로 왕이 사자를 보내 독촉하였다. 이로 말미암아 도적들이 곳곳에 벌떼처럼 일어났다.(『삼국사기』 신라본기)

결국 신라의 중심인 왕경의 생활은 어려움에 처하게 되었습니다. 헌강왕 대에는 초가집이 하나도 없고 길거리에서 노랫소리가 끊이지 않을 정도로 왕경인의 생활은 상당히 풍족했습니다. 하지만 이들의 풍요는 왕경 안에서 나온 것이 아니라 지방의 수탈을 통해 누렸던 것입니다. 그런데 자주 가뭄이 들어 흉년이 이어지자 조세를 징수하려는 관원들과 저항하는 지방민들 사이에 마찰이 발생했고, 결국 사벌주에서 원종과 애노의 난이 일어났습니다. 이는 지방민의 반란으로 이어져 순식간에 각지로 퍼져나갔습니다.

농민 봉기가 진압되지 않고 신라가 통제 불능의 지경에까지 이른 까닭은 진성여왕 3년 이후에도 기근이 계속되어 생존의 위협을 느낀 농민들의 봉기가 끊이지 않았고 이들을 자신의 세력으로 조직한 지방 호족들의 정치적 영향력이 점점 커져 국가의 공권력을 무력화시켰기 때문입니다. 사실 신라의 상황은 진성여왕이 왕위에 오르기 1년 전부터 "나라의 서쪽 지방에 가뭄이 들고 또 흉년이 들었다"고 한 것처럼 이미 어려운 상황에 놓여 있었습니다.

이를 타개하기 위해 최치원은 진성여왕 8년(984년)에 '시무십조'를 올렸습니다. 왕은 이를 받아들이고 그를 6두품 신분으로서 최고의 직책인 아찬에 임명했습니다. 하지만 골품제와 상관없이 능력과 학문에 따라 관리를 뽑자고 건의했던 최치원의 개혁안은 진골 귀족들의 반대로 이룰 수 없었습니

◀ 최치원 초상

다. 결국 진성여왕은 즉위 11년 만에 "근년 이래로 백성들이 곤궁하고 도적
들이 봉기하니 이는 나의 부덕한 까닭이다"라고 말하면서 왕위를 조카인
김요에게 물려주었습니다.

7세기, 동아시아 여왕들의 통치술

7세기 동아시아는 새로운 질서가 만들어지는 시기였습니다. 중국 대륙에
서는 남북조의 분열을 극복하고 통일 제국을 이룩한 수와 당이 수립되었고
그 힘이 한반도로 뻗쳐오고 있었습니다. 한반도에서는 고구려, 백제, 신라

삼국 사이에 커다란 전쟁이 시작되면서 나당연합군에 의해 660년에 백제가, 668년에 고구려가 멸망했습니다. 그리고 676년 신라는 백제와 고구려의 일부 지역을 차지하면서 통일 왕조를 이룩했습니다. 일본은 고구려, 백제, 신라와의 관계를 이용하면서 당의 법률을 받아들이는 한편 나라 이름을 왜국에서 일본국으로 바꾸고 왕에서 천황 중심의 중앙집권적 국가의 기틀을 마련했습니다. 그런 변화의 시기에 여성들이 지도자의 자리를 차지했지요. 신라의 선덕여왕과 진덕여왕, 중국의 측천무후, 일본의 스이코 천황과 고교쿠(사이메이) 천황, 지토 천황이 그들입니다.

신라	일본	중국
632-647년　선덕여왕 647-654년　진덕여왕	592-628년　스이코 천황 642-645년　고교큐 천황 655-661년　사이메이 천황 686-697년　지토 천황	655년　　　무조, 황후 책봉 664년　　　수렴첨정 실시 690-705년　주 황제

중국 역사상 유일한 여성 황제였던 측천무후의 이름은 무조입니다. 열네 살에 궁의 시녀로 들어가 당 태종의 후궁이 되었고, 태종에게 '꽃 같고 옥같이 예쁘다'며 무미라는 이름을 받았습니다. 당 태종이 사망하자 무조는 관례에 따라 다른 궁녀들과 함께 감업사로 들어가 비구니가 되었습니다. 그러다가 태자 때부터 무조에게 마음이 끌렸던 당 고종의 후궁이 되어 다시 입궁하게 되었지요. 무조는 655년 고종의 비 왕황후를 내쫓고 황후가 되었으며, 664년 병약한 고종을 뒷전에 앉히고 수렴첨정을 하면서 실질적으로 당

을 통치했습니다. 그리고 690년 예종을 폐위시키고 자신이 직접 황제가 되어 나라 이름을 주로 바꾸었습니다. 705년 12월 무측천은 자신의 황제 칭호를 거두고 '측천대성황후'라 부르고 묘비에 한 글자도 새기지 말라는 유언을 남기고 82세 나이로 죽었습니다. 그래서 후대 사람들은 측천무후라고 부릅니다.

측천무후는 반세기가량 정치를 하면서 강력한 중앙집권 체제를 확립하여 사회를 안정시키고 경제를 발전시켰습니다. 과거제도를 활용하여 능력 있는 지방의 인재들을 중앙의 정치 무대에 등용했으며, 무예가 뛰어난 사람을 관리로 선발하여 군을 강화시키기도 했습니다. 측천무후가 시행한 과거제도를 통해 재상에 오른 사람이 27명인 데 반해 명문 집안 출신이라는 배경을 가지고 재상이 된 사람은 겨우 3명에 불과했는데, 이때 조정에 들어온 인물들은 측천무후 사후 당나라의 문물을 이끌었습니다. 그런가 하면 권력을 강화하고 반대파를 없애는 수단으로 밀고 제도를 활용하기도 했습니다.

측천무후는 또 불교와 도교를 통해 신성한 이미지를 만들었습니다. 전국에 사찰을 세우고 불교 경전을 간행했는데, 중국의 유명한 3대 석굴 중 하나인 용문석굴도 이때 조성되었습니다.

비다쓰 천황의 황후였던 스이코 천황은 일본 최초의 여성 천황으로서 쇼토쿠 태자와 함께 고구려, 백제, 신라와 다각적인 외교 정책을 펼쳐 삼국의 문화를 본격적으로 받아들였습니다. 특히 불교를 적극적으로 수용했지요. 그리고 수와 국교를 맺고자 사신을 파견하는 등 중국과의 외교에도 힘을 기울였습니다.

고교쿠 천황은 고토쿠 천황이 654년 사망하자 사이메이라는 이름으로 다시 천황이 되었습니다. 같은 인물이 두 번 즉위했던 것이지요. 그러나 실권은 나카노오에 황태자에게 있었습니다.

지토 천황은 덴무 천황의 황후로 남편의 뒤를 이어 제41대 천황이 되었습니다. 덴무 천황은 강력한 왕권을 바탕으로 모든 호족을 제압하고 당의 법률에 기초한 중앙집권 국가의 건설을 추진했습니다. 덴무 천황이 죽은 뒤 지토 천황이 그 정책을 이어나갔는데, 이 시기에 일본은 율령국가의 형태를 갖추게 되었습니다. 스이코 천황이나 고교쿠 천황과 다르게 지토 천황은 실권을 장악하며 통치를 해나갔습니다.

세 여성 천황이 등장했던 7세기 일본은 아스카 시대라 하는데, 이 시대는 아스카 문화와 하쿠호 문화로 나뉘며 불교문화가 중심입니다. 나라 현에 있는 법륭사, 사천왕사, 약사사 등이 이 시대를 대변하는 건축물입니다. 특히 법륭사의 5층 목조탑은 일본 목조 건축물 가운데 가장 오래된 것입니다.

지금까지 살펴보았듯이 7세기의 동아시아 삼국을 통치했던 여왕(황)들은 비슷한 통치술을 통해 많은 업적을 남겼습니다. 이들 통치술의 특징은 새로운 인재 등용, 불교·도교·무속 신앙을 포용한 문화 정책과 다각적인 외교 정책의 시행, 경제의 활성화 등입니다. 그리고 이들의 통치는 '여자라서'라는 무시를 무색하게 만들었습니다. 기득권을 가진 귀족들에게는 공포였지만 백성들에게는 정치 개혁이 이루어지고 다양한 문화 정책과 경제 정책이 펼쳐진 시기였습니다. 선덕여왕과 진덕여왕은 뒷날 신라가 삼국을 통일할 수 있는 기반을 다졌고, 측천무후는 위로는 '정관의 치'를 잇고 아래로는 '개원의 치'에 이르는 당나라 최성기의 기틀을 마련했으며, 스이코 천황과 고교쿠 천황 그리고 지토 천황의 통치 아래 일본은 율령국가의 체제를 갖추었습니다. 그리고 무엇보다도 7세기 동아시아 여왕들이 발휘한 통치술의 가장 큰 특징은 획일성이 아닌 다원성의 추구입니다.

결혼과 가족

신사임당과 허난설헌의 삶이
달라진 때는 언제인가?

16세기, 신인선과 허초희의 갈림길

머리 하얀 어머니를 강릉에 두고

한양을 향해 홀로 가는 이 마음

고개 돌려 북촌 땅 바라보니

흰 구름 내려앉는 저녁 산만 푸르구나

— 신사임당, 「대관령을 넘으며 친정을 바라보다」

제비는 처마에 비끼어 쌍쌍이 날고

지는 꽃 어지러이 비단옷에 스치네

방에서 기다리는 이 봄 마음 슬픈데

풀은 푸르러도 강남 가신 임 돌아오지 않네

— 허난설헌, 「강사에서 글 읽는 낭군에게」

조선시대 여성인 신인선과 허초희의 시입니다. 신인선은 신사임당으로, 허초희는 허난설헌으로 우리에게 잘 알려져 있지요. 「대관령을 넘으며 친정을 바라보다」는 신사임당이 강릉 살림을 정리하고 한양으로 떠나면서 홀로 남겨둔 어머니를 걱정하는 심정을 읊고 있습니다. 「강사에서 글 읽는 낭군에게」는 허난설헌이 갓 결혼한 남편이 한강변 서재에서 공부하지 않고 기생들과 논다는 소문을 듣고 남편을 향한 서운함을 가볍게 읊은 것입니다. 조선시대 예술가로서 오늘날까지도 많은 여성들이 닮고 싶어 하는 신사임당과 허난설헌은 여러 면에서 비슷합니다.

이들은 강릉에서 태어났으며, 당대 최고의 여성 예술가로 손꼽힙니다. 그리고 사임당과 난설헌이라는 호칭은 자신들이 직접 지어 부른 것입니다. 사임당이라는 호는 고대 중국 주나라 문왕의 어머니 태임을 본받겠다는 것을 뜻합니다. 초희라는 이름은 초나라 장왕의 지혜로운 아내 번희와 같은 인물이 되라는 뜻에서 붙인 것이라고 합니다. 호를 난설헌이라 지은 이유는 알려져 있지 않지만 난초와 눈의 이미지가 모두 맑고 깨끗함을 상징합니다.

신사임당과 허난설헌은 부모님이 지어준 이름보다 자신들이 닮고 싶은 대상을 골라서 사용할 정도로 자의식이 강한 여성이었습니다. 또 어릴 때부터 시와 그림 등에서 천부적인 재능을 보여 부모의 사랑은 물론 주변 사람들의 관심을 받고 자랐습니다. 허난설헌은 여덟 살 때 신선 세계에 있다는 광한전 백옥루 상량식에 초대받았다고 상상하며 쓴 「광한전백옥루상량문」이라는 글을 지어 신동이라는 말을 들었습니다. 뛰어난 예술가적 기질과 더불어 부모의 사랑을 받고 자란 이들의 삶은 어땠을까요?

신사임당은 1504년에 강릉에서 아버지 신명화와 용인 이씨 사이의 다섯 딸 가운데 둘째로 태어났습니다. 열아홉 살에 서울 사람인 이원수와 결혼했는데, 결혼한 뒤에도 거의 18년 동안 친정인 강릉에서 살았답니다. 아버지가 딸을 너무 아낀 나머지 보내지 않았다는 말이 있는데, 사실은 그때에도 결혼 풍습의 바탕은 여전히 처가살이였습니다. 신부 집에서 신혼살림을 시작하고 신랑은 자신의 본가와 처가를 왔다 갔다 했지요.

아버지 신명화도 서울 사람이었는데 강릉에 사는 이사온의 외동딸과 결혼한 뒤 강릉에서 살았습니다. 신사임당의 어머니 이씨 부인이 강릉 사는 친정어머니가 아프자 '각자 자신의 부모를 모시자'고 남편에게 제안했답니다. 그래서 이씨 부인은 강릉에 살고, 남편 신명화는 16년 동안 서울과 강릉을 오가며 살게 된 것이지요.

더 흥미로운 것은 신사임당의 외할머니도 그랬다는 사실입니다. 그러니까 신사임당이 태어나고 자란 집은 외할머니로부터 어머니로 이어 내려온

신사임당의 강릉 가계도

▶ 초충도
(신사임당,「수박과 들쥐」)

것이지요. 이런 환경에서 자랐으니 신사임당이 결혼한 뒤 곧바로 시댁이 있는 서울로 가지 않고 친정이 있는 강릉에 살면서 자식들을 낳고 기르는 일이 자연스러웠던 것입니다.

신사임당은 한문, 미술, 자수, 서예 등 모든 재능을 어머니와 외할머니에게서 전수받았습니다. 그녀는 우리가 알고 있는 현모양처의 모습보다 '정밀하다', '찍어놓은 한 점이 하늘의 조화를 빼앗았다'는 평가를 받을 만큼 천재 화가로서 명성이 높았습니다. 동시대의 유명한 시인 소세양은 신사임당의 산수화에 「동양 신씨의 그림족자」라는 제목의 시를 지었고, 율곡의 스승 어숙권은 『패관잡기』에서 신사임당이 '안견 다음가는 화가'로 평가받았다는 글을 남겼습니다.

신사임당은 7남매를 낳았습니다. 남편은 51세에 지방으로부터 나라에 조세로 바치는 곡식을 실어 올리는 선박 사무를 맡은 종5품 벼슬인 수운판관이 됩니다. 7남매를 기르는 일은 온전히 신사임당과 그녀의 어머니 차지였지요. 신사임당은 자녀들을 엄격히 교육했으며, 어머니의 학문과 예술성은 자식들에게도 고스란히 전해졌습니다. 셋째 아들이 조선의 대유학자 율곡 이이라는 것은 잘 알려져 있고, 큰딸 매창과 넷째 아들 이우도 그림 실력이 뛰어났다고 합니다.

허난설헌은 1563년 경상도 관찰사를 지낸 아버지 허엽과 어머니 강릉 김씨 사이에서 외동딸로 태어났습니다. 아버지 허엽, 오빠 허성과 허봉, 동생 허균과 함께 허난설헌은 허씨 집안의 5대 문장가로 당대에도 유명했습니다.

허난설헌은 10대 중후반 무렵에 한 살 위인 김성립과 결혼했지만 사이는 좋지 못했습니다. 게다가 시어머니와의 불화와 학대가 이어졌고, 어린 남매와 배 속의 아이마저 잃고 말았습니다. 이를 허균은 "돌아가신 나의 누님은 어질고 문장이 있었으나 그 시어머니에게 인정을 받지 못했다. 또 두 아이를 잃었으므로 한을 품고 돌아가셨다. 언제나 누님을 생각하면 가슴 아픔을 어쩔 수 없었다"라고 적었습니다.

그런 데다가 아버지 허엽은 허난설헌이 열여덟 살 때 상주에서 객사했으며, 오빠 허봉은 허난설헌이 스물한 살 때 이이를 탄핵하다가 귀양 갔습니다. 허봉은 3년 뒤 방면되지만 술에 의지하며 불우하게 지내다가 허난설헌이 스물여섯 살 때 객사하고 맙니다. 허봉은 허난설헌의 재능을 아껴 친구이자 당대 최고 시인인 이달에게 소개하여 허균과 함께 시를 배우도록 해 주었습니다.

허난설헌의 시는 중국 문단에서도 찬사와 호평을 받았습니다. 중국에서 조선인의 시문집이 편찬되거나 간행된 예는 별로 없었으나 허난설헌의 시는 반드시 들어갔으며 양적으로도 가장 많이 실렸다고 합니다. 허난설헌은 불행한 삶에서 오는 한을 시 속에서 이상향이자 도피처로서 신선 세계를 그리는 것으로 승화시켰습니다. 현재 남아 있는 허난설헌의 시는 210여 수에 이르는데 그 가운데 유선시(遊仙詩)가 128수로, 조선과 중국을 통틀어 유선시를 창작한 유일한 여류 시인입니다. 그의 시 세계는 남녀의 애정뿐만 아니라 가난한 여성의 마음, 자식을 잃은 어머니의 심정을 표현하는 등 상당히 넓습니다.

허난설헌은 세 가지 한을 입버릇처럼 되뇌곤 했다는데, 첫째는 여자로 태어난 것이고, 둘째는 조선 땅에 태어난 것이며, 셋째는 김성립의 아내가 된 것이라고 합니다. 그는 스물일곱 젊은 나이에 죽었습니다. 자신이 쓴 시를 모두 태워버리라는 유언을 남겼는데, 시집 『난설헌집』에 실려 오늘날까지 전해지는 시들은 허균이 모아놓은 것입니다.

이수광은 『지봉유설』에서 허난설헌과 그의 남편 김성립의 금실이 좋지 않았다고 전제한 뒤 허난설헌의 시 두 편을 소개하면서 그 뜻이 방탕하므로 시집에 싣지 않았다고 했습니다. 박지원도 『열하일기』 가운데 허난설헌에 관한 글에서 규중 부인이 시를 읊는다는 것 자체가 아름답지 못한 일이라고 했습니다. 허난설헌의 시는 중국 문단에서 끊임없는 찬사와 호평을 받았지만 정작 조선에서는 폄하와 표절 시비가 그치지 않았고, 사대부가 여성의 글쓰기에 대한 우려와 비판이 계속 이어졌던 것입니다.

후대의 사대부 남성들은 한 사람을 현모양처로, 다른 한 사람을 음탕해 닮을 필요가 없는 여성으로 평가했습니다. 그러한 평가를 고려하지 않는다 해도 오늘날 한 사람은 다복한 삶을 살았던 여성으로, 다른 한 사람은 쓸쓸하게 홀로 사라진 여성으로 기억되고 있습니다. 언제부터 두 사람의 삶이 어긋나기 시작했을까요? 똑같이 예술가적 기질이 풍부하고 자의식이 강했던 두 여성의 삶이 갈라지게 된 것은 그들의 결혼 생활과 관련 있습니다. 곧 신사임당은 처가살이혼, 허난설헌은 시집살이혼으로 결혼 생활을 이어갔습니다. 그러면 처가살이혼과 시집살이혼이 어떤 것인지 알아봅시다.

처가살이혼과 시집살이혼

처가살이혼은 역사가 오래되었습니다. 처가살이혼은 서옥제(婿屋制), 서류부가혼(婿留婦家婚), 남귀여가혼(男歸女家婚)이라고도 부르는데 '사위가 부인 집에 머문다', '남자가 여자 집으로 간다'는 뜻입니다. 결혼한 부부가 어디에서 살림을 시작했는지, 『삼국지』「동이전」에 고구려의 결혼 풍습을 소개한 글이 있는데 함께 읽어봅시다.

결혼하기로 정해지면 여자 집에서 큰 집 뒤에 작은 집을 짓는다. 이를 사위 집이라 부른다. 결혼식 날이 저물면 사위가 여자 집 문밖에서 이름을 말하고 무릎 꿇고 절하면서 여자와 함께 있게 해달라고 여러 번 청한다. 여자의 부모가 이것을 듣고 작은 집에서 자도록 허락한다. 신부 곁에는 돈과 비단을 놓아둔다. 아이를 낳아 장성하게 되면 남자는 비로소 여자를 데리고 집으로 돌아간다.

내용을 정리하면, 먼저 부모끼리 만나서 결혼을 약속합니다. 그 뒤 신부 집에서 결혼할 부부가 지낼 집을 마련하면 신랑이 신부 집에 와서 결혼식을 합니다. 여기서 아이를 낳고 생활하다 아이가 자란 뒤에 신랑 집으로 갑니다. 우리 말 가운데 '장가간다'는 말은 '장인 집으로 간다'는 뜻인데, 이 풍속에서 유래한 것입니다.

신부 집에서 결혼 생활을 하는 모습은 여러 곳에서 나타납니다. 유화와 해모수는 결혼을 약속하고 서로 좋아했지만 그 뒤 해모수는 자신의 거처로 돌아가고 유화는 혼자 주몽을 낳아 키웠습니다. 주몽은 예씨와 결혼했는데, 주몽이 남쪽으로 가 고구려를 세우는 동안 예씨는 혼자 유리를 낳고 길렀습니다.

신라나 백제에서도 신부 집에서 결혼 생활을 하곤 했습니다. 설총은 원효대사와 요석공주 사이에서 태어났지만 요석궁에서 공주가 키웠고, 백제의 무왕이 된 서동 역시 어머니가 사비성 남쪽 연못가에 집을 짓고 살면서 홀로 키웠습니다. 아이를 낳고 기르는 일은 여성과 그 여성의 집에서 맡았던 것이지요.

그러다 보니 신분이 낮은 백성들 이야기 가운데에는 아버지가 아예 나와 있지 않은 경우가 많습니다. 신라의 고승 혜공은 부잣집에서 허드렛일을 하던 노파의 아들이었고, 불국사를 세우는 데 큰 역할을 한 김대성은 모량리 마을에 사는 가난한 여자 경조의 아들이었는데, 둘 다 아버지가 누구였는지는 기록이 없습니다.

처가살이 풍습은 고려시대에도 이어졌습니다. 물론 삼국시대의 풍습이 그대로 전달된 것은 아닙니다. 고려시대 사람 이규보와 조선시대 사람들의 이야기를 들어볼까요?

내(이규보)가 일찍 부모를 잃었기에 나를 가르쳐주는 사람이 없었다. 공에게 와서 친히 가르침과 격려를 받게 되어 사람이 되었다. 이는 모두 공의 도움이다. 지금은 아내를 맞아들이는 데 남자가 여자 집으로 가니 무릇 자기의 필요한 것을 모두 처가에 의지한다. 처부모의 은혜가 친부모와 같다.(이규보, 『동국이상국집』)

예조에서 알리기를 전조(前朝) 옛 풍습에 혼인례는 남귀여가하여 자손을 낳으면 외가에서 자라므로, 외친의 은혜가 무거워 외조부모와 처부모의 복(服)에는 모두 30일의 휴가를 주었다.(『조선왕조실록』)

고려시대에 결혼한 남성들은 처갓집에서 살았습니다. 장인과 장모가 사위를 자식처럼 돌봐주었지요. 이규보는 그 은혜가 부모와 같다고 이야기합니다. 조선 초기에도 처가살이로 처부모 은혜가 중하므로 처부모나 외조부모 상에 친조부모처럼 30일의 휴가를 주었다며 우리의 고유한 풍습이라고 말하고 있습니다.

그러면 결혼하고 얼마 동안 처가에서 살았을까요?

처가에 머무는 기간은 사람마다 달랐습니다. 신부 집의 경제 사정이나 가족 구성 따위에 따라 결정되었지요. 사정에 따라 아예 평생을 처가에서 사는 사람도 있었고, 처가에 어느 정도 머물다가 본가로 돌아가거나 다른 곳으로 분가해서 살기도 했습니다. 『동문선』에 이런 이야기가 있습니다.

> 장인께서 나를 사위로 허락해 결혼을 맺으므로 사랑을 많이 받았습니다. 여러 해 동안 벼슬살이를 하느라 돌아가 모시지 못했습니다. 벼슬을 내놓은 뒤에 정성껏 섬기려 했습니다.

장인의 사랑을 받은 사위가 벼슬살이 때문에 장인을 모시지 못했다고 안타까워하는 내용입니다.

처가살이혼은 언제부터 변화했을까요? 중국의 결혼제도는 '친영제(親迎制)'라고 하는데 우리와는 완전 반대입니다. 친영제는 신랑이 신부 집에 가서 신부를 데려와 신랑 집에서 결혼식을 하고 생활하는 것입니다. 성리학자들은 사람들의 생각이나 생활을 모두 성리학에 맞게 바꾸고 싶어 했습니다. 그래서 처가살이 풍습을 없애고 친영제로 바꾸자고 했지요.

▲ 신랑이 신부에게 가는 길(김홍도, 「평생도」)

친영은 '지극히 아름다운 것'이다. 그러나 남자가 여자 집으로 장가드는 것은 우리나라에서 행한 지 오래되어 쉽게 고칠 수 없다. 태종 때 친영의 예를 하려 했는데, 신하들이 이것을 듣고 많이 꺼렸다. 왕실에서 이를 행하게 되면 아래의 뜻있는 자가 보고 그대로 따르게 될 것이다. 이제부터는 왕자와 왕녀에게는 친영의 예를 행하는 것이 어떻겠는가?(『조선왕조실록』)

세종은 왕실에서 모범을 보여야 한다는 생각으로 이복동생 숙신옹주를 친영제에 따라 결혼시켰습니다. 친영제를 새로운 결혼제도로 삼으려 했지만 오랫동안 내려온 풍습이 쉽게 바뀌지 않았습니다. 결국 명종 때 조정에서 처가살이 풍습과 친영제를 섞은 새로운 결혼 풍습을 생각해냈습니다. 오늘날 우리가 알고 있는 전통 혼례식입니다. 신랑이 신부 집에 가서 결혼식을 치르고 며칠 머물다가 신부와 함께 신랑 집으로 오는 것이지요. 그래도 여전히 결혼식은 신부 집에서 하고 신부는 자기 집에 머물며 아이를 낳고 기르다가 한두 해 지나서야 아이와 함께 시집으로 가는 사람이 많았습니다. 친영제라는 시집살이혼이 쉽게 조선 사회에 자리 잡지 못한 것은 천년이 넘도록 이어져온 풍습이 쉬이 변하지 않은 까닭도 있지만 거주지를 바꾸는 일이 쉽지 않았기 때문입니다. 그래서 16세기에는 시집살이혼이 자리 잡지 못한 상황에서 집안에 따라 처가살이혼과 시집살이혼이 행해졌습니다.

부계 직계 가족제도

처가살이혼은 서서히 시집살이혼으로 바뀌었습니다. 시집살이혼은 17세기와 18세기에 자리를 잡으면서 가족 관계, 재산 상속, 가족 안에서의 여성의 지위를 바꾸었습니다.

첫째, 처가살이혼에 따르면 여성은 결혼 뒤 반드시 시집에 가서 살 필요가 없고 친정 부모를 모실 수도 있었습니다. 그러니 '딸은 결혼하면 남이나 다름없다'는 뜻의 '출가외인'이라는 생각이 없었습니다. 그래서 아주 오랫동안 아버지와 어머니 핏줄 모두를 중요하게 여겼습니다.

고려시대 가족 구성원을 살펴보면 더 확실하게 나타납니다. 고려시대의 가족 구성은 오늘날 우리가 생각한 것보다 훨씬 다양합니다. 부부와 어린 자식만으로 가족을 이루기도 했고, 할아버지와 할머니 또는 외할아버지와 외할머니가 함께 살기도 했습니다. 고아가 된 조카를 데리고 사는 가족도 있었습니다. 조선 건국에 큰 역할을 한 정도전의 아버지 운경은 어머니가 돌아가시자 이모 집에서 자랐고, 뒤에는 외삼촌을 따라 개성에 가서 공부했습니다. 고려 후기의 문신 이공수는 어머니가 돌아가시자 누나 집에서 자라면서 매부를 아버지처럼 섬기고 누나를 어머니처럼 섬겼다고 합니다. 고려 문신 이승장의 어머니는 재혼할 때 전남편의 아들 승장을 데려가서 키웠지요.

고려의 가족제도는 어머니와 아버지 핏줄 둘 다를 중요하게 여기는 '양계적 친족제도'입니다. 딸, 사위, 외손자는 다른 집안이 아닌 같은 가족 구성원이었기 때문에 나라에서 내리는 상과 벌도 함께 받았습니다. 고려 현종 때 김은부의 세 딸이 모두 왕비가 되자 나라에서는 김은부와 그의 처 그리고 부모는 물론이고 장인에게까지 상을 내렸습니다. 반면 고려 예종 때 김경용의 딸이 이자겸의 아들과 결혼했는데, 이자겸이 난을 일으키자 이 사건과 관련 없던 김경용의 벼슬도 낮아졌답니다.

그런데 시집살이혼이 퍼지면서 아버지 핏줄을 중심으로 한 부계 직계 가족제도가 자리 잡게 되었습니다. 아버지 핏줄을 중요하게 생각하다 보니 가족 구성원도 친할머니와 친할아버지, 아버지, 아버지 형제들과 함께 사는 가족이 중심이 되었습니다.

둘째, 고려시대 사람들은 큰아들인지 작은아들인지, 남성인지 여성인지를 따지지 않고 재산을 자식들에게 골고루 나누어주었습니다. 노비의 수와 좋은 토지인지 나쁜 토지인지 하나하나 따져 차별 없이 똑같이 나누었지요. 물론 자식들에게 재산을 골고루 나누어주지 않는 일도 있어서 형제들 사이에, 결혼한 누이와 동생 사이에 재산 문제로 다투는 일도 종종 일어났습니다. 한편 결혼한 여성도 친정 부모에게서 받은 자기 몫의 재산을 가지고 있었습니다. 고려시대 사람들이 절에 시주한 내용을 보면 남편과 아내가 따로따로 자기 몫의 재산에서 시주한 일이 많습니다. 물론 남편과 아내가 죽을 때에는 자식들에게 골고루 나누어주었습니다.

고려시대 사람들은 재산을 골고루 나누어 가졌기 때문에 그에 따른 책임도 함께 나누었습니다. 자손의 책임 가운데 가장 큰 일이 제사인데, 고려에서는 아들과 딸 구분 없이 돌아가면서 제사를 지냈습니다. 아들이 없으면 딸이 제사를 지냈고, 딸이 죽은 뒤에는 외손주가 제사를 이어받았지요. 율곡 이이의 외할머니 이씨 부인은 이이에게 서울에 있는 집 한 채와 토지를 주어 자신의 제사를 지내도록 했다고 합니다. 이이는 『율곡전서』에서 외할머니의 정을 이렇게 표현했습니다.

제가 어렸을 때 외가에서 양육을 받았는데 어루만져주시고 안아주시며 잠시도 잊지 않고 보살펴주시니 그 은혜 산보다 무겁습니다. 제사를 부탁하시어 착한 아이로 보셨으니 외조모와 외손자는 이름뿐이요, 정은 어머니와 아들 사이입니다.

그러나 시집살이혼으로 딸은 '출가외인'이라는 생각이 깊어지면서 딸들한테는 재산을 상속하지 않게 되었습니다. 딸들은 더는 부모로부터 재산을 물려받지 못했고, 아들 중에서도 맏아들이 거의 모든 재산을 물려받게 됩니다. 재산 대부분을 맏아들이 물려받다 보니 당연히 부모나 조상들의 제사를 받드는 일도 달라졌습니다. 예전에는 제사를 자식들끼리 나누거나 돌아가면서 지냈는데 이제는 맏아들이 모든 제사를 도맡게 되었습니다. 그리고 아버지 핏줄이 대대로 맏아들로 이어져 내려온 종갓집이 집안의 중심이 되었지요.

부계 중심의 가족 질서가 강화되었다고 해서 여성의 지위가 낮아진 것은 아닙니다. 며느리가 차지하는 비중은 상대적으로 커졌습니다. 맏며느리가 아들을 낳으면 온 집안의 살림을 맡아보는 지위를 얻게 된 것이지요. 더구나 종갓집 맏며느리가 아들을 낳으면 그 위세는 하늘을 찌를 듯했습니다. 곧 여성은 아들을 낳아야만 제대로 대접받았던 것입니다.

남편이 죽어 혼자된 여성은 재혼할 수 없다

부계 직계 가족제도를 튼튼하게 한 또 다른 제도가 '재가녀금고법'입니다. '재가녀'는 남편이 죽은 뒤 다시 결혼한 여성을 말하고, '금고'는 죄가 있는 사람은 과거 시험을 볼 수 없게 하는 것입니다. 곧 재가녀금고법이란 재혼한 여성의 자식은 과거 시험을 볼 수 없도록 한 법입니다.

조선시대에는 과거 시험을 치르지 않으면 관리가 될 수 없었고, 관리가 되지 못하면 양반으로 행세할 수 없었습니다. 재가녀금고법은 재혼한 여성을 벌하는 것이 아니라 그 자식들이 관리가 될 수 없도록 하는 제도입니다. 그래서 여성들에게 더욱 가혹한 법인 셈이지요. 아마도 자식의 앞길을 막으면서까지 재혼할 어머니는 없을 것이라는 계산에서 나왔을 것입니다.

고대 여성들에게 절개는 남편이 살아 있을 때 지키는 것이지 남편이 죽은 뒤에는 큰 문제가 되지 않았습니다. 고려시대에도 여성의 재혼은 자연스러운 일이었습니다. 성종 비 문덕왕후 유씨는 처음에는 종실 홍덕원군과 결혼했지만 과부가 되자 성종과 결혼했습니다. 충렬왕 비 숙창원비도 처음에는 진사 최문과 결혼했지만 과부가 된 뒤 충렬왕의 왕비가 되었습니다. 이러한 일은 왕실에서만 이루어졌던 것은 아닙니다. 이제현의 스승 안보가 자식 없이 사망하자 부인 최씨는 의지할 사람이 없다고 재혼했습니다. 판서 김세덕의 처 윤씨는 과부가 되자 두 번이나 결혼했습니다. 물론 이때도 남편이 죽은 뒤 결혼하지 않고 혼자 사는 여성을 칭찬하기는 했지만 재혼했다고 욕하거나 손가락질하지는 않았습니다.

그렇지만 조선시대에는 혼자된 여성이 재혼하는 일은 사회질서를 무너뜨리고 인간으로서의 도리를 저버리는 짓으로 여기고 벌한 것입니다.

재가녀금고법이 조선이 세워진 뒤 곧바로 실시된 것은 아닙니다. 처음에는 여성들의 재혼이 어느 정도 자유롭게 이루어졌습니다. 다만 세 번 결혼하는 일은 문제가 있다고 해서 꺼렸지요. 그러다가 성종 8년에 관리들 사이에서 여성의 재혼을 금지할 것인지를 둘러싸고 논쟁이 벌어졌습니다. 여성의 재혼 금지를 둘러싸고 46명의 관리들이 토론을 벌였는데, 42명은 재혼 금지를 반대하고 4명만 찬성했다고 합니다. 찬성과 반대의 이유가 무엇인지 『조선왕조실록』의 기록을 한번 볼까요?

부인의 덕은 한 남편을 섬기는 것보다 더 큰 것이 없습니다. 그러나 나이가 젊어 일찍 과부가 된 여성에게 재혼을 허락하지 않는다면, 위로 부모가 없고 아래로 우러를 일이 없으므로 오히려 정절을 잃는 사람이 많게 되니, 국가에서 재혼을 금하지는 않았습니다. 예전대로 하는 것이 좋겠습니다. 다만 세 번 결혼한 경우에만 그 죄를 물어 벌을 주는 것이 어떻겠습니까?

옛 성현이 말하기를 "남편이 죽은 뒤 재혼하는 것은 뒷날 추위와 굶주림에 죽을까 두렵기 때문이다. 그러나 정절을 잃는 일은 지극히 크고, 죽는 일은 아주 작다" 했습니다. 무릇 한 번 결혼한 부인은 그 남편을 위해 정절을 지키는 것이 부인의 도리입니다. 남편이 죽었다고 다시 결혼한다면 이것은 짐승과 같은 짓입니다. 이제는 재혼을 금지하고, 만약 재혼한다면 그 죄를 묻고 그 자손도 관리가 되지 못하도록 해야 합니다.

남편이 죽어 홀로된 여성이 재혼하는 것을 반대하는 사람들의 생각은 먹을 것도 없고 살 집도 없어 굶어 죽고 얼어 죽더라도 여성은 재혼하면 안 된다는 것입니다. 정절을 잃는 것이기 때문이라는 것이지요. 그래도 이때는 재혼을 반대하는 관리들이 그렇게 많지 않아서 재가녀금고법이 당장 실시되지는 않았습니다. 그로부터 8년 뒤인 성종 16년에 발간된 법전 『경국대전』에 재가녀금고법이 법으로 정해졌지요. 그만큼 성리학자들은 옳은 도덕이라고 생각한 부계 직계 가족제도를 뿌리내리게 하려고 했던 것입니다. 성종은 재가녀금고법 시행과 관련하여 예조에 아래와 같은 교서를 내렸습니다.

전에 이르기를 "신은 부인의 덕이다. 한 번 남편과 결혼하면 종신토록 고치지 않는다" 하였다. 이 때문에 삼종의 의가 있고 한 번이라도 어기는 예가 없다. 세도가 날로 나빠진 뒤로부터 여덕이 정신하지 못하여, 사족의 딸이 예의를 생각지 아니해서 혹은 부모 때문에 절개를 잃고 혹은 자진해서 개가하니, 한갓 자기의 가풍을 파괴할 뿐만 아니라 실로 유교에 누를 끼친다. 만일

▶ 영화 「정조」 포스터

엄하게 금령을 세우지 않으면 음란한 행동을 막기 어렵다. 이제부터는 재가

한 여자의 자손들은 사판(士版)에 넣지 아니하여 풍속을 바르게 하라.(『조선

왕조실록』)

법률상 재혼의 자유가 선언된 것은 1894년 갑오개혁 때입니다. 그러나

여성의 재혼을 금지하려는 사회적 여론은 한국전쟁 뒤에도 변함없이 이어

졌습니다. 위 그림은 1961년에 제작된 영화 포스터인데 제목이 '정조'입니

다. 내용도 '미망인'이 재혼하면서 불행하게 살아가는 삶을 그리고 있습니

다. 34세의 젊은 '전쟁미망인'이 재혼을 해야 할지 말아야 할지 고민하자 한

일간지 상담 코너에서는 이렇게 대답했습니다.

전쟁미망인 여러분을 생각할 때 동정과 애처로움을 금치 못하게 됩니다. 허기야 젊은 인생으로서 끓어오르는 정욕의 고심을 억제치 못하여 개가 변신하는 여성도 적지 아니하나 그 결과로 따져보면 행복한 점보다 불행과 괴로운 고심에 신음하는 점이 더욱 많은 것을 볼 수 있는 것입니다. 그럴 바에는 차라리 조국과 민족의 수호신으로 화하여 먼저 가신 임의 뒤를 받들어가며 깨끗한 절개 밑에 꿋꿋이 살아나가는 것은 얼마나 훌륭한 것이겠습니까.(〈조선일보〉 1956년 2월 9일)

전쟁과 재건

‘환향녀’는 어떻게
‘화냥년’이 되었는가?

고향으로 돌아온 여성들

옥희가 이제 아버지를 새로 또 가지면 세상이 욕을 한단다. (…) 옥희 어머
니는 화냥년이다 이러구 세상이 욕을 해. (…) 그리되면 옥희는 언제나 손가
락질받고 옥희는 커도 시집도 훌륭한 데 못 가고…

주요섭의 소설 「사랑손님과 어머니」에서 과부인 어머니와 딸 옥희의 대
화입니다. '화냥년'이라는 욕은 행실이 바르지 못한 여성을 일컫는데 과부
가 재혼하는 것도 그런 욕을 들었나 봅니다. '화냥년'은 '환향녀(還鄕女)'에
서 유래했다고 합니다. '환향녀'는 '고향으로 돌아온 여자'라는 뜻인데, 어떤
여성들이 고향으로 돌아왔다는 것인지 살펴봅시다.

1592년에 시작된 임진왜란은 7년 동안 계속되었는데, 이때 조선이 입
은 피해는 엄청났습니다. 농사지을 땅이 못 쓰게 되었고, 백성들이 다치거

나 죽었으며, 굶주림과 전염병으로 죽은 사람도 많아 인구가 급격히 줄어들었습니다. 수많은 사람이 일본군에 포로로 끌려갔고, 혼란을 틈타 노비들이 도망치거나 노비 문서가 없어지면서 신분제가 흔들리게 되었지요.

전쟁의 가장 큰 피해자는 늙은이와 아이들 그리고 여성입니다. 조선시대에도 다르지 않았습니다. 적의 칼에 목숨을 잃은 여성, 죽음으로 정절을 지킨 여성, 가족과 헤어져 고통을 겪는 여성, 침략자에게 붙잡혀 끌려가는 여성 등 여성이 겪은 일들은 많은 책에 기록되어 있습니다. 『쇄미록』에는 임진왜란 때 일본군에 끌려가는 여성들이 "큰 소리로 '나는 어느 읍 어느 촌의 아무개인데 이제 붙잡혀 영영 다른 나라로 갑니다' 하며 울부짖는 소리가 끊이지 않았다"고 쓰여 있습니다.

임진왜란 때 일본으로 끌려간 여성들은 좀처럼 고향으로 돌아올 수 없었지만 병자호란 때 청나라로 끌려간 여성들 가운데 일부는 몸값을 내고 고향으로 돌아왔습니다. 이 여성들을 '환향녀'라고 불렀습니다. 조정에서는 환향녀들이 스스로 목숨을 끊거나 집에 돌아가기를 포기할까 걱정하여 이들을 홍제동 개울에서 몸을 씻게 했습니다. 그리고 이것으로 모든 치욕이 씻긴 것으로 생각하라며 남성들이 환향녀들에게 청나라에서 무슨 일을 겪었는지 묻지 못하도록 했습니다.

하지만 몸값을 내고 꿈에도 그리던 고향으로 돌아온 여성들의 처지는 돌아오지 못한 여성들보다 나을 게 별로 없었습니다. 절개를 잃은 여성이라하여 가족한테까지 손가락질을 받아 외롭게 살거나 스스로 목숨을 끊기도했지요. '환향녀'가 '화냥년'이라는 욕으로 변질된 것을 보면 그녀들이 조선에 돌아와서 어떤 대우를 받았는지 짐작할 수 있습니다.

환향녀와 관련한 이혼소송 한 건을 소개하겠습니다. 병자호란 뒤 신풍부원군 장유가 인조에게 상소를 올렸습니다. 장유는 효종의 비 인선왕후의 아버지로 아들 장선징과 며느리 한씨의 이혼을 허락해 달라는 청이었습니다. 장선징의 처는 환향녀였는데, 이 며느리에게 조상의 제사를 맡길 수 없다는 것이 이혼의 사유였습니다. 그런데 좌의정 최명길이 이혼 반대를 주장합니다.

선조 임금님 때도 재상 집안의 딸이나 며느리가 일본에 잡혀갔다가 돌아온 일이 있습니다. 이때 그 처와 이혼하지 않고 자식을 낳고 아들과 딸을 낳아 잘 살고 있는 사람도 있습니다. 제가 청나라 수도인 심양에 갔을 때입니다. 만약 이혼을 나라에서 허락한다면 고향으로 돌아올 사람이 없을 것입니다. 이것은 여성들을 영원히 다른 나라에서 떠돌다 귀신이 되게 하는 일과 같습니다. 제가 여러 번 생각해보고 세상 물정을 고려해도 이혼은 반대합니다.

인조는 최명길의 의견에 따라 장유의 청을 받아들이지 않고 장선징의 이혼을 허락하지 않았습니다. 여기에 덧붙여 다른 대신들의 자식도 이에 따르라고 명을 내렸습니다.

그러나 이 사건을 기록한 사관은 아래와 같이 평가했습니다.

'충신은 두 임금을 섬기지 않고 열녀는 두 남편을 섬기지 않는다'고 했습니다. 사로잡혀 갔던 여성들은 비록 그녀들의 마음이 아니었다고 하더라도 난을 만나 죽지 않았으니 절의를 잃은 것이나 마찬가지입니다. 이미 절개를 잃었으면 남편의 집과는 이미 끊어진 것이니, 억지로 다시 합하게 해서 양반의 품격을 더럽힐 수는 절대로 없습니다. (…) 아, 백년 동안 내려온 나라의 풍속을 무너뜨리고, 오랑캐로 만든 자는 최명길입니다.

그 뒤 장선징의 아내는 어떻게 살았을까요? 장유가 죽은 뒤 장유의 아내 김씨가 다시 이혼소송을 제기했습니다. 그런데 이번에는 '시어머니에게 공손하지 않았다'는 것이 이유였습니다. 우리는 '장선징의 이혼소송'을 통해 전쟁이라는 어려운 상황은 여성이든 남성이든 모두에게 주어졌는데 전쟁이 끝난 뒤 책임은 여성에게만 묻는다는 것을 알 수 있습니다.

전후 규범 세우기와 열녀

임진왜란이 1592년에 시작되었고 병자호란은 1637년에 끝났으니 조선은 45년이나 전쟁터였습니다. 전쟁 동안 백성들은 나라를 지키기 위해 의병을 일으켜 침략자와 맞서 싸웠지만 왕과 관리들은 도망치기에 바빴습니다. 이를 틈타 도망가는 노비들도 많았고, 평민 가운데 새로운 경제 환경에 잘 대처하여 재산을 모은 사람들은 돈으로 양반 신분을 사기도 했습니다.

이렇게 사회가 어지러워지자 나라에서는 충신, 효자, 열녀를 찾아내어

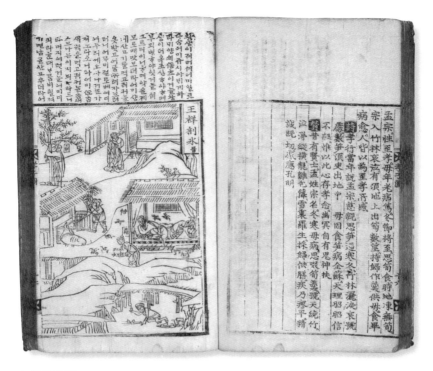

▲ 삼강행실도

상을 주는 일을 더 활발하게 했습니다. 이는 성리학에 맞는 질서를 세우고
나라를 튼튼하게 하는 일이라고 생각했던 것이지요. 열녀문이 많이 세워진
것도 이때였습니다.

　어떻게 열녀문이 세워졌는지 알아볼까요? 세종은 사람들의 생각과 행동
을 바꾸기 위해 그림책『삼강행실도』를 발간했습니다. 그림책의 발간과 함
께 효자, 충신, 열녀를 뽑아 칭찬하고 상을 내리기도 했지요.

어느 마을에 효자나 충신, 열녀가 생기면 마을 입구나 그 집 앞에 그들의 행동을 기리기 위해 붉은색이 칠해진 문을 세웠습니다. 이것을 정려문 또는 열녀문이라고 합니다. 그러나 열녀문을 세워놓기만 한다고 해서 백성들이 따라 하는 것은 아니었습니다. 그래서 열녀로 인정되면 먼저 열녀문을 세우고 어떻게 열녀가 되었는지를 널리 알렸습니다. 그다음에는 세금을 면제하고 상금도 주었지요.

열녀로 인정된 여성이 가장 낮은 신분인 천민이면 평민으로 신분을 올려주었습니다. 천민이 양민으로 신분을 상승할 수 있는 기회 가운데 하나가 전쟁이 일어났을 때 곡식 500석을 바치는 것인데, 이와 견주어보면 천민 열녀에게 준 상은 대단한 것이었지요.

◀ 열녀문

평민이 열녀가 되면 '부역'을 면제해주었습니다. 길을 닦거나 관청을 고칠 때 품삯도 받지 않고 나가서 일해야 하는 부역은 1년에 6일로 정해져 있지만 한 달이 넘도록 일할 때도 많아서 백성들은 이 일을 피하고 싶어 했습니다.

열녀가 양반이면 자식들에게 벼슬자리에 나갈 기회가 생겨 가문을 번창하게 할 수 있는 혜택이 주어졌지요.

그러면 어떤 여성들이 열녀였을까요? 『조선왕조실록』에서 태종이 열녀문을 내렸던 여성들의 삶을 살펴볼까요?

최씨는 나이 28세에 남편이 죽으므로 울면서 삼년상을 치르었다. 그 뒤 여러 해 동안 혼자 살았다. 그녀의 오빠 최림이 억지로 재혼시키려 했으나 거절했다. 그녀에겐 세 딸이 있었는데, 두 딸이 일찍이 남편을 잃었으나 모두 어머니처럼 혼자 살았다. 그 지방에서는 최씨가 사는 곳을 정부리(貞婦里)라 불렀다.

유씨는 33세에 남편이 죽었다. 그녀의 아버지는 유씨를 재혼시키고자 여러 가지로 달래보았으나 끝내 듣지 않았다. 유씨는 자기에게는 젖먹이 아이가 있으니, 그 아이가 자라기를 기다려 생계를 유지하겠다고 하므로 아버지도 딸의 마음을 돌이키지 못했다.

조선 초기에 열녀는 남편이 죽은 뒤 삼년상을 지내고 살아 있는 동안 정절을 지키며 혼자서 사는 여성들이었습니다. 그런데 후기에는 이런 여성들이 너무 많아져서 그것만으로는 열녀로 인정받기가 힘들었습니다. 그래서 열녀임을 증명하기 위해 끔찍한 방법이 사용되기도 했지요. 남편이 죽은 다음 따라 죽거나 남편을 대신해 죽기도 한 것입니다. 열녀가 되기 위한 조건에 어떤 것이 있었는지 살펴봅시다.

1. 남편이 죽은 다음 삼년상을 치르고 살아 있는 동안 혼자 산다.
2. 전쟁이 일어나 적군이 쳐들어오면 몸을 지키기 위해 스스로 죽는다.
3. 물난리나 불이 났을 때 목숨을 걸고 남편을 구한다.
4. 결혼하여 시집에 가기 전 친정에 머물 때 남편이 죽으면 임신한 아이를 낳은 뒤에 자결하여 남편과 같이 묻힌다.
5. 남편이 병이 들면 정성을 다하여 간호한다.
6. 병든 남편을 구하기 위해 손가락을 잘라 피를 마시게 한다.
7. 병든 남편을 위해 허벅지 살을 먹인다.
8. 병든 남편이 끝내 낫지 않고 죽으면 남편을 따라 스스로 죽는다.

결국 여성들은 가족과 주위의 기대를 저버리지 않기 위해 자신의 목숨까지 내놓아야 했던 것입니다.

일제의 여성 노동력 동원과 일본군 '위안부'

일제는 1931년 만주사변, 1937년 중일전쟁, 1941년 태평양전쟁을 일으켰습니다. 일제가 침략 전쟁을 일으킨 목적은 식민지 확장에 있었습니다. 일제에게 식민지는 원료 제공, 노동력 수탈, 판매 시장이었으며 이로 인한 자본 축적은 일제 자본과 군국주의를 강화시켰습니다. 동북아시아, 동남아시아, 하와이 등지로 침략 전쟁의 전선을 확장한 일제는 전쟁 물자와 인력이 필요했습니다. 이를 위해 1938년 '국가 총동원'이란 전시에 국방 목적을 달

◀ 결전 생활 포스터

성하기 위하여 국가의 전력을 가장 유효하게 발휘하도록 인적 및 물적 자원을 운영하는 것'이라며 국가총동원법을 만들었습니다.

국가총동원법에 따라 일제는 1937년 '황국신민서사'라는 충성 맹세문을 만들어 외우도록 강요했고, 전국의 모든 읍면에 신사를 만들어 신사 참배를 강요했습니다. 그리고 1938년 학교와 관공서에서 조선어 사용을 금지하고 일본어를 사용하도록 했으며 나중에는 아예 조선어를 폐지했지요. 1939년에는 성과 이름을 일본식으로 바꾸도록 강요했고, 1940년에는 한글을 사용하는 모든 신문과 잡지를 없앴으며, 1941년에는 소학교를 '황국신민학교'라는 뜻의 국민학교로 이름을 바꾸었습니다. 그리고 1938년부터 시행한 지원병 제도를 1944년에 징병제로 바꿔 20만여 명의 청년들을 강제징집했습니다.

일제는 전쟁 물자를 조선에서 얻었고, 사람이 필요한 곳이면 어디든지 조선인을 강제로 끌고 갔습니다. 남성들은 군인이나 탄광 노동자로 끌려갔고, 여성들은 군복이나 전쟁에 필요한 물자를 만드는 곳에서 일을 했습니다. 이 일을 더 쉽게 하려고 1944년부터는 열두 살에서 마흔 살까지의 여성을 '근로정신대'라는 이름으로 강제로 끌고 가 전쟁 물자를 만들게 했습니다. 근로정신대는 군대식으로 만든 조직이었는데, 많은 여성들이 일본이나 조선에 있는 공장에 보내져 일했습니다. 도야마현 후지코시 도야마 공장에는 1,000여 명의 조선여자근로정신대를 조선 전국에서 동원했다고 합니다. 처음에는 공부도 하고 돈도 벌 수 있다고 했지만 그런 기회는 전혀 제공되지 않았습니다. 조선여자근로정신대로 동원된 소녀들은 열대여섯 살의 어

▲ 조선여자근로정신대에 동원된 모습

▶ 후지코시 도야마 공장에 동원된 조선여자근로정신대를
  보도한 신문 기사(《매일신보》 1944년 10월 31일)

린 나이에 군대식으로 꽉 짜인 생활 규율에 맞춰 배고픔에 시달리며 일을
했습니다.

강제 동원 중 가장 폭력적인 전쟁 범죄는 군대위안부 운영입니다. 조선
여성들을 강제로 끌고 가 일본군의 성 노예로 만든 것이지요. 일본군'위안
부'로 불리던 이들은 만주, 중국, 필리핀, 오키나와 등 일본군이 가는 전쟁터
마다 보내졌습니다.

전쟁이 확대되고 장기화되자 일제는 군의 감독과 통제 아래 '군 위안소'
를 설치했습니다. 일본 육군성은 1937년 말부터 군 위안소 설치를 계획하
고 점령지뿐만 아니라 격전지마다 군 위안소를 설치해 위안부로 끌려간 여

성들을 군수품처럼 취급했습니다. 일본군 문서에 따르면 군 위안소, 군인 클럽, 군인 오락소, 또는 '위생적인 공중변소' 따위로 부르며 주둔지에 신축하기도 하고 원주민 가옥을 고쳐 사용했습니다. 부대가 이동하거나 전쟁 중일 때는 군인 막사나 초소, 참호, 군용 트럭을 사용했다고 합니다.

일본군'위안부'는 오랫동안 한국 사회에 알려지지 않았습니다. 1990년에 이르러서야 여성 단체들이 일본군'위안부'의 역사를 사람들에게 알렸지요. 그래도 김학순 할머니가 나타나지 않았다면 우리는 지금도 일본군'위안부'에 대해 알지 못했을 것입니다. 1991년 김학순 할머니는 자신이 일본군'위안부'였었다고 처음으로 말했습니다. 그 뒤부터 많은 여성들이 일본군'위안부'였음을 말했고, 우리는 비로소 뒤늦게나마 그 역사를 알게 되었습니다. 김학순 할머니의 말을 들어볼까요?

◀ 중국 윈난성 송산까지
   끌려간 일본군'위안부'
   피해자들

나는 1924년 10월에 태어났습니다. 나는 어머니가 원해서 평양기생학교에 들어가게 되었습니다. 이 학교를 졸업한 해에 나보다 한 살 위인 처녀와 함께 중국 땅에 가게 되었습니다. 그런데 중국에 도착하자마자 일본군에게 잡히고 말았습니다.

우리들에게는 각기 일본식 이름이 지어졌는데 제 이름은 '아이코'였습니다. '위안소'는 커다란 방을 커튼으로 칸막이를 해놓았습니다. 견디기 어려워 두 번씩이나 도망치려고 했다가 붙잡히고 말았어요.

나는 집에서 혼자 가만히 앉아 있으면 가끔 옛날 생각이 나곤 합니다. 신문에서 '위안부'에 관한 기사를 보고 얼마나 울었는지 모릅니다.

나는 일본 정부가 우리에게 보상하고, 우리가 강요에 못 이겨 했던 그 일을 역사에 남겨두어야 한다고 생각합니다. 오늘날 일본이나 한국의 젊은이들은 그런 역사적 사실을 모르고 있기 때문에 꼭 알려주어야 한다고 생각합니다. 그래야 그런 비참한 일들이 다시는 일어나지 않을 테니까요.

또 다른 분들의 이야기를 들어보면, 일제는 공장에 취직시켜주겠다거나 간호사로 가자고 속여서 데려가기도 했습니다. 경찰에 붙들려 강제로 끌려간 여성도 있었고, 근로정신대로 공장에 보내졌다가 '위안부'가 된 여성도 있었습니다.

김학순 할머니는 자신의 아픈 과거를 떳떳하게 밝히고 이 일이 개인의 문제가 아니라 전쟁 범죄임을 분명하게 말했습니다. 그리고 앞으로 이런 전쟁 범죄가 일어나지 않기 위해 역사에 남겨놓아야 한다고 했지요. 그 덕분에 오늘날 우리는 일본군'위안부'에 대해 알게 되었고, 앞으로 세계 어느 곳에서 이런 전쟁 범죄가 일어나면 눈 감고 구경만 해서는 안 된다는 점도 깨닫게 되었습니다.

기지촌 여성들

1992년 10월, 경기도 동두천에서 미군 케네스 마클이 한 여성을 살해한 끔찍한 일이 일어났습니다. 그 여성의 이름은 '윤금이'였는데, 기지촌의 미군 클럽에서 일하던 종업원이었습니다.

　기지촌은 해방 뒤 미군이 한국에 들어오면서 미군 부대 근처에 생긴 촌락을 말합니다. 한국전쟁 때부터 본격적으로 생겼는데, 미군을 위한 옷가게, 신발가게, 음식점 같은 위락 시설이 갖추어져 있습니다. 한국 현대사와 함께해온 기지촌은 상당히 오랫동안 한국 경제에 큰 역할을 했지만 기지촌과 그곳에 사는 여성들은 한국 사회에서 멸시의 대상이었습니다. 그러다 보니 오랫동안 기지촌 여성들의 삶은 묻혀 있었습니다. 그런데 '윤금이 사건'으로 기지촌과 그곳에 살고 있는 여성들이 세상에 알려지게 된 것입니다. 윤금이 사건이 알려지기 전 기지촌 여성들은 어떻게 생활했을까요?

　1960년 1월 6일 신문에 동두천 미군 부대에서 미군들이 2명의 한국 여성을 삭발한 사건이 사진과 함께 크게 보도되었습니다. 이 여성들은 평소에 뚫린 철조망을 통해 미군 부대를 드나들며 성을 파는 여성이었는데, 1월 2일밤에도 여느 때처럼 부대 안 막사에 들어가 알고 지내는 미군을 깨우려다 다른 미군들에게 붙잡힌 것이지요. 미군들은 두 여성을 감금한 채 온갖 욕설을 퍼부으며 머리칼을 모두 깎은 뒤 한국 경찰에 넘겨주었습니다.

이 사건이 알려지자 미군은 "부대를 따라다니는 자들을 삭발로 벌하는 것은 오래된 전통"이라며 논평을 거부했지만 신문 기사를 본 사람들은 미군들을 비난했습니다. 우악스럽고 심술궂은 얼굴로 여성들을 삭발하는 미군을 그린 〈코리언타임스〉의 삽화는 당시의 들끓는 여론을 그대로 보여줍니다.

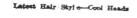

▲ 삭발 사건을 다룬 삽화
　(왼쪽 〈코리언타임스〉 1960년 1월 6일, 오른쪽 〈한국일보〉 1960년 1월 14일)

그러나 비난은 '한미 우호를 해치면 안 된다'는 여론에 밀려 곧 잦아들었습니다. 〈한국일보〉의 삽화는 가해자 미군이 피해 여성들에게 모생수(毛生水)를 발라주는 인자한 모습으로 표현하고는 '머리도 한미 우의도 어서 먼저대로 되돌아가길 바랍니다'라는 말을 합니다. 이 사건은 기지촌 여성들의 인권보다는 한미 우호라는 안보 논리를 더 중요하게 생각하는 한국 사회의 모습을 적나라하게 보여주었습니다.

사실 미군 부대 근처나 기지촌에서는 폭력, 살인, 강간 같은 범죄가 자주 일어났고, 이런 범죄에 기지촌 여성들은 거의 무방비 상태의 맨몸으로 드러나 있었습니다. 더구나 정부의 대응은 '미국에 대한 나쁜 인상을 심어줄 수 있다', '한국과 미국 사이의 친선을 해쳐서는 안 된다'며 여성들을 단속하거나 사건이 밖으로 알려지지 않도록 하는 데 급급했습니다. 결국 미군의 폭력에 맞선 사람들은 기지촌 여성들이었습니다.

1967년 11월 5일 동두천에서 스물한 살 된 김춘자라는 여성이 동거자인 유진 테일러 일병에게 살해되는 사건이 일어났습니다. 테일러는 그전부터 자주 폭력을 행사해 주변 여성들에게 잘 알려져 있었습니다. 그런 테일러에게 김춘자가 죽었다는 사실을 알게 된 여성들은 분노했습니다. 11월 7일 300여 명의 여성들이 소복을 입고 상여를 멘 채 테일러 일병이 소속된 사단 영내에 몰려 들어가 한 시간 동안 연좌데모를 했습니다. 이 밖에도 1969년 9월 부평에서는 폭력을 행사하는 미군들에 맞서 100여 명의 기지촌 여성들이 미군 헌병과 서로 돌을 던지며 싸웠으며, 1972년 8월 평택에서는 기지촌의 주민과 여성들이 합세하여 미군 병사들과 대규모로 난투극을 벌이

▲ 동두천 상패동 무연고자 묘지

기도 했습니다. 이처럼 기지촌 여성들과 미군 사이의 충돌이 종종 일어나곤
했습니다.

하지만 기지촌 여성들의 분노는 결코 기지촌의 울타리를 넘지 못했습니
다. 그런 일이 있어도 사람들은 잘 알지 못하거나 모른 척했고, 한국 사회가
경계 밖에 있는 그녀들의 존재를 인정하지 않았기 때문입니다. 그녀들은 죽
은 뒤에도 상패동 무연고자 묘지에 번호표로 남아 있습니다. 그리고 기지촌
여성들의 또 다른 이름은 '위안부'였습니다.

'위안부'라는 말과 한국 사회

앞에서 자신이 일본군'위안부'였음을 처음으로 밝힌 김학순 할머니 이야기를 했습니다. 1991년 8월 15일자 신문들은 「전선의 노리개 '짓밟힌 17세', 정신대로 끌려간 김학순 할머니 눈물의 폭로」, 「종군 위안부 참상 알리겠다, 언젠가 밝혀져야 할 역사적 사실 아직도 일장기 보면 분노 치민다」, 「정신대 치욕 꼭 배상받겠다」 등의 기사로 보도했으며, '국내 거주자로는 처음으로 일제 강점하에서 일본군의 종군위안부라는 치욕을 겪었던 증언이 역사의 전면에 나섰다'고 알렸습니다. 그때는 '정신대', '종군위안부', 일본군'위안부'라는 말들이 함께 쓰였는데 오늘날에는 대개 일본군'위안부'라고 합니다.

한국 사회에서 위안부라는 말은 태평양전쟁 시기 일본군에 의해 동원된 '성노예' 여성들을 지칭합니다. 그 뒤 위안부라는 말은 민족의 수난과 치욕, 여성의 수난을 상징했고 민족적 분노의 표현으로 사용되었지요.

그러나 한국 사회에서 위안부는 1980년대 후반 일본군'위안부' 문제가 표면에 떠오르기 전까지는 기지촌에서 미군을 상대하는 성매매 여성을 지칭하는 용어이기도 했습니다.

보건사회부에서 발간한 『보건사회통계연보』는 1968년까지 성매매 여성을 형태에 따라 '댄서, 위안부, 접대부, 밀창(密娼)'으로 구분했습니다. 1950년대부터 1988년까지 일간 신문들 역시 〈표 4〉에서 보는 것처럼 위안부라는 용어를 아무런 거리낌 없이 사용했습니다.

〈표 4〉 '위안부' 단어 사용 기사 제목과 일자

일자	조선일보
1962년 2월 25일	「또 미군 폭행 사건, 파주서 **위안부**를 구타 낙태케 함」
1964년 5월 17일	「미국 군인과 **위안부** 연탄가스 중독사」
1966년 11월 20일	「**위안부** 등에 미군 칼부림해 3명 중상」
1968년 2월 29일	「미병이 **위안부** 살해 방화」
1970년 8월 11일	「요정 광고 내 **위안부**로 넘기려다 적발」
1972년 4월 22일	「숲속에서 **위안부** 살해」
1974년 4월 10일	「평택군, **위안부** 검진에 수뢰 보건소장 등 8명 입건」
1975년 8월 10일	「주부에 '**위안부** 검진' 통보에 경찰에 신고」
1978년 1월 12일	「**위안부** 살해·방화 미국 병사에 무기 구형」

일자	동아일보, 경향신문
1961년 9월 14일	「유엔군 상대 **위안부** 등록 실시」
1962년 5월 18일	「미병이 **위안부** 사살」
1965년 2월 20일	「**위안부**에게 폭행」
1969년 5월 17일	「**위안부** 등치는 진료소」
1971년 3월 13일	「소녀 2명 **위안부**로 무허 소개소서 만 원씩 받고 넘겨」
1974년 6월 17일	「신문 광고로 시골 여인 꾀어 기지촌 **위안부**로」
1977년 7월 13일	「**위안부** 피살 미 병사 수배」
1981년 7월 3일	「**위안부** 통한 조직 미군 PX로 3억 밀수」

어떻게 이런 상황이 지속되었을까요? 한국전쟁을 계기로 '위안'은 '계몽'과 함께 핵심적인 여성 정책이었습니다. 이 정책의 기원은 근대 일본 가부장제와 맞닿아 있습니다.

메이지 시대 이래 일본은 여성을 '양처'와 '매춘부'로 구분했습니다. 이

둘의 공통된 역할은 '위안'입니다. 위안이라는 용어는 가정 안에서는 현모양처의 역할을, 가정 밖에서는 성매매 여성의 사회적 역할을 정의한 것입니다. 일본군'위안부' 제도가 이런 배경에서 나왔습니다. 그런데 한국전쟁 뒤 일제의 유산인 '위안' 정책이 한국 사회에 제도화됩니다.

'연합군위안소'의 설치는 1951년 1월 말 전선이 삼팔선을 중심으로 교착되면서 광범위하게 이루어졌습니다. 1951년 1월 중순까지 한국전쟁에 참전한 유엔군은 19만 9,000명(미군 17만 8,000명)이었으며, 1951년 7월 휴전협상이 시작되는 시기에는 28만 1,000명(미군 25만 3000명)으로 6개월 만에 10만 명 정도 증가했습니다. 전선과 병사의 이동이 미미한 상태에서 미군의 증가는 병사들에 대한 위안이 시급한 문제로 제기되었고, 이에 대한 해결 방안으로 위안소의 설치를 촉진시켰습니다.

국가의 정책은 이들을 사회로부터 격리시켜 경찰과 지방행정기관이 통제하도록 하는 것이었습니다. 이러한 정책은 "그들(UN군)과 노는 여자들로 하여금 일정한 처소에서만 외인과 대하게 하는 동시에 UN군에게 요청해서 MP를 몇 사람 얻어가지고 우리 헌병과 경찰과의 협력으로 그들을 간수해 주라"는 「UN군인 위무 방식에 관한 건」이란 문건에서도 확인됩니다.

'위안부'가 된 여성들은 미군 또는 UN군에게 성적 위안을 제공하는 존재로 필요에 따라 국가가 관리했습니다. 그러나 '위안부'에 대한 사회의 시선은 '민족의 정조를 팔아먹은' 존재라는 것이었습니다. 개개인의 무지와 허영에서 비롯되었다며 그들이 미군에게 살해되었는데도 '허영의 유죄', '윤락의 끝장'으로 묘사합니다. 그러면서도 국가와 사회는 그들에게 애국자가 될 것을 요구했습니다.

전쟁은 성별을 떠나 사회의 모든 구성원에게 고통, 상처, 아픔을 남깁니다. 따라서 전후 사회는 구성원들의 상처를 모두 치유할 수는 없지만 상처는 아물게 해야 합니다. 그 첫 단계는 전쟁 피해의 철저한 실태 조사입니다. 실태 조사를 바탕으로 경제적으로 정신적으로 도움이 필요한 사람들을 나눌 수 있고, 또한 재활할 수 있는 여러 프로그램과 제도를 만들고 실행할 수 있습니다. 상처는 함께 말하고 나눔으로써 치유될 수 있습니다. 이러한 과정은 상당한 비용과 시간이 필요한 작업이지요.

비용과 시간을 들이지 않고 전후 질서를 안정시키는 방법 가운데 하나는 전쟁 피해자를 모른 체하면서 특정 대상 곧 여성에게 책임을 묻는 것입니다. 환향녀가 '화냥년'이 된 것처럼, 한국 사회에서 '위안부'라는 단어가 자연스럽게 쓰인 것처럼, 정절을 지키지 못했고, 행실이 바르지 못했고, 사치하고 방탕하다고 비난하면 되니까요. 일본군'위안부'가 전후 45년이 지난 뒤에야 생존자 증언이 처음 나오고 아직도 해결되지 않는 문제로 남아 있는 것은 전후 재건과 질서 그리고 희생양 찾기와 연관된 것은 아닌지 고민해야 할 시점입니다. 그리고 이는 재난을 당했을 때도 마찬가지입니다. 재난을 피할 수 없다면 그것이 재발되는 상황과 조건을 조사하고 예방하는 정책이 우선이어야 합니다.

호명

일제강점기에는
왜 '성녀'라는 이름이
많은가?

박에스터·신마리아·김배세, 우리는 자매

개화기에 활동했던 세 여성 박에스터, 신마리아, 김배세는 어떤 공통점이 있을까요? 모두 서양식 이름을 갖고 있네요. 또 하나는 이들은 한 자매랍니다.

박에스터는 우리나라 최초의 여의사입니다. 영어를 잘했기 때문에 셔우드 의사의 통역을 맡았다가 병원 일을 배우게 되었지요. 그리고 박씨 성을 가진 남성과 결혼한 뒤 미국으로 유학을 가서 의학 공부를 했답니다. 그녀가 박에스터가 된 것은 남편의 성을 따른 것이고, 에스터는 세례명입니다. 박에스터의 언니인 신마리아도 마찬가지입니다. 신마리아는 정신학교 교사가 되어 학교를 운영했고, 신씨 성을 가진 사람과 결혼했습니다. 그리고 동생인 김배세는 세브란스 간호학교 제1회 졸업생으로 우리나라 최초의 간호사입니다.

어떻게 한 자매가 성이 다를 수 있을까요? 서양 사람을 좋아해서일까요? 물론 그렇게 생각할 수도 있습니다. 동경에서 2·8독립선언식에 참여하고 애국부인회를 조직한 김마리아, 이화대학 최초의 졸업생인 김앨리스, 신마실라, 이도리티, 조선여자교육회 창립자 차미리사 등 개화기에는 서양식 이름을 가진 여성들이 꽤 있습니다. 이들을 서구 추종주의자라고 여길 수도 있지만 그들이 왜 서양식 이름을 갖게 되었는지를 고려하면 이해할 수 있습니다. 그들의 서양식 이름은 모두 세례명입니다.

조선시대 여성들은 대개 이름이 없었습니다. 결혼한 여성은 '누구누구의 처 아무개 씨'라고 부르고, 남편이 죽으면 '과녀 아무개 씨'라고 불렀지요.

▲ 단발과 서양 이름을 내건 여성들(〈여성〉 1938년 9월호)

양반 가문 부인들 가운데 저술이나 예술 활동을 할 경우에는 '사임당'이나 '난설헌' 같은 호를 지어 사용했습니다. 신분이 낮을 때에는 '씨' 대신 '소사(召史)'를 썼습니다. 어렸을 때는 '간난이', '섭섭이', '이쁜이' 정도로 불리다가 결혼한 뒤에는 '영광댁', '안성댁' 따위로 불리는 게 고작이었지요.

이름 외에 다른 호칭이 없는 여성들, 노비 신분의 여성이나 혼인 관계로 규정되지 않은 여성들은 어릴 때 이름을 그대로 사용했습니다. 조선 사대부 남성들은 자신과 가족 관계에 있는 여성을 말할 때 성씨와 가족 관계를 조합한 호칭을 사용했고, 이름이 반드시 언급되어야 할 자리에는 '아무개'라는 글자를 써서 이름을 감추었습니다. 조선시대에는 여성의 이름을 드러내지 않는 관습이 있었습니다. 그래서 이름이 있어도 어린아이 때만 부르고 나중에는 사용하지 않았답니다. 유형원은 『반계수록』에서 새로운 호적에 사대부가 여성의 이름을 기본 항목으로 포함시키고자 했습니다. 이 계획은 조선시대 관행과 정면으로 맞서는 일이었습니다. 그런 관행을 의식했던 유형원은 사적 영역에서 이름을 부르지 않는 관행에 대해 아래와 같이 말합니다.

부인은 다른 사람을 따르는 자이므로 비록 이름이 있어도 사람들이 그를 칭할 때에는 반드시 그 남편의 호칭으로 부르지 그 이름을 직접 지목하는 경우는 없다. 자칭할 때도 마찬가지이니, 지금 아무개 댁, 아무개의 처 같은 부류가 그것이다. (…) 평상시에는 이런 식으로 하는 것이 마땅하다.

사적 영역이 아닌 공적 영역에서만이라도 여성의 이름을 기록하고 사용하자는 유형원의 제안를 지지한 조선 후기 문신 유만주는 공적 영역에서 여성의 이름을 적지 않는 조선 풍속이 조잡스럽다고 비판합니다.

여자에게 본디 이름을 감추어야 할 이치는 없다. 『예기』에서 여자가 혼인을 허락하고 나서 비녀를 꽂고 자(字)를 짓는다 했다. 한나라와 진나라의 사전을 상고해보면 비록 후비라 하더라도 그 이름을 기재했는데 수나라와 당나라 이후가 되어서야 나타나지 않게 되었다. 우리나라와 같은 경우는 사대부가의 부녀들에 대해 그 이름을 굳게 감추어서 심지어 신주에도 이름을 적는 것이 마땅한지의 여부를 의심하는데, 이는 습속이 조야한 것이다.

그러다 1909년 여성도 호적에 이름을 올려야 했습니다. 이름이 없는 여성이 많았기 때문에 세례명을 가진 여성들은 세례명을 이름으로 신고했습니다. 그래서 유독 이 시기에 서양식 이름을 가진 여성이 많았던 것이지요. 개화기에 여성들이 사회활동을 하고 여성 교육이 행해지면서 남녀평등의 한 방법으로 여성도 이름을 가졌습니다. 1920~1930년대의 신문을 읽으면 이성녀, 김성녀, 임성녀 따위로 '성녀'라는 이름이 많이 나옵니다.

정순태의 모 이성녀가 동 경찰서에 와서 돌연히 유치장으로 뛰어들어가므로…(〈동아일보〉 1921년 4월 13일)

최진찬의 며느리 김성녀(17)는 10일 오후 1시 자기 시집에 불을 놓아 옆집까지 2호를 전소시키고 체포되었다.(〈동아일보〉 1931년 6월 15일)

양평군 이규청의 처 임성녀는 서울서 고용녀로 살아볼까 하고 생각하던 끝에…(〈동아일보〉 1935년 2월 19일)

원순상의 아내 김성녀(30)는 자기 집에서 약 2정쯤 떨어져 있는 공동우물에서 물을 떠가지고 집으로 돌아오던 도중에서 돌연 광인을 만나게 되어…(〈동아일보〉 1935년 6월 28일)

임성녀의 한자는 林姓女로 '임씨 성의 여자'라는 뜻입니다. '언년', '자근애기', '간난'으로 호적에 이름을 올리기는 했지만 '성녀'라고 불리는 여성은 여전히 이름이 없었던 것입니다.

부녀(婦女)인가, 여성(女性)인가

개항 뒤 몇몇 외국인들이 선교나 여행 또는 외교를 목적으로 조선에 들어왔습니다. 그들은 피부색과 풍습을 비롯해 모든 면에서 자신들과 다른 조선인의 모습과 생활을 기록했습니다. 아래 두 글은 영국인 여성과 프랑스인 남성이 묘사한 한양의 풍경 가운데 빨래하는 여성들의 모습입니다.

▲ 빨래터에서 빨래하는 모습

한국 어디든지 강이나 개울에 가면 부인들이나 계집아이들이 빨래를 하고 있는 것을 볼 수 있다. 그들은 흐르는 물가에 반듯한 돌멩이를 찾아서 그 위에 빨래를 놓고 방망이로 두드려서 깨끗하게 때를 뺀다.(엘리자베스 키스·엘스펫 K. 로버트슨, 송영달 옮김,『코리아 1920-1940』, 2006)

조선 여인에게 밤낮으로 의관을 손질하는 일이 없다면 소일거리가 없어지는 것이나 다름없는 것이다. 한양은 아주 큰 세탁소와 같아서 다듬잇방망이질 소리가 멎는 일이 없다. 아낙네들은 가장이 훤히 빛나도록 의복을 손질하는 것이다. 그래서 조선 남정네들에게 삶은 즐겁게 여겨진다.(조르주 뒤크로, 최미경 옮김,『가련하고 정다운 나라 조선』, 2006)

이방인들에게 비친 한양은 '아주 큰 세탁소'라고 묘사될 정도로 여성들이 개울가에서 빨래하는 모습과 다듬잇방망이질 소리로 기억되었습니다. 거리는 온통 흰옷을 입은 사람들로 붐비고, 그렇게 하얀 옷을 만들기 위해 개울가에 모여 빨래를 하고 집집마다 방망이질하는 조선 여성들의 노동이 이방인들에게는 한결같이 안쓰럽게 비쳤습니다. 그래서 "조선 여인들은 노새보다 나을 게 없다"고까지 말했다고 합니다.

그런데 위 글에 등장하는 여성들의 모습은 '계집아이'와 '부인들', 두 부류로 나누어져 있습니다. 곧 전근대 여성은 결혼하지 않은 계집아이와 결혼한 부인으로만 존재했던 것입니다. '부인'은 결혼한 여자, '부녀'는 결혼한 여자와 성숙한 여자를 통틀어 이르는 말입니다. 결혼은 여성의 정체성과 삶을 지배했습니다. 다른 방식의 삶은 생각할 수 없었지요. 따라서 기생이나 천민 여성을 고려하지 않는다면 전근대 여성은 '부녀'만이 존재했다고 할 수 있습니다. 조선시대에는 후손을 낳아 가계를 계승하는 일이 혼인의 목적이자 국가의 중요한 사안이었습니다.

사대부 남성의 일생은 평생도에 잘 드러나 있습니다. 평생도는 태어나서 죽을 때까지 기념될 일을 골라 단계적으로 그린 풍속화입니다. 다음 그림은 김홍도가 그린 8폭 병풍인 「모당 홍이상공 평생도」 중 일부입니다. 「모당 홍이상공 평생도」는 돌잔치, 혼인식, 과거 급제, 첫 벼슬길 행차, 송도 유수 부임, 병조판서 행차, 좌의정 행차, 집 안에서의 회혼례 잔치로 구성되어 있습니다. 돌잔치, 혼인식, 회혼례를 제외하면 8폭 중 5폭이 관직에 나아가 일한 내용입니다. 즉 전근대 남성의 일생은 공적 영역에서의 활동이라고 할

▲ 「모당 홍이상공 평생도」
　일부

돌잔치

과거 급제

송도 유수 부임

병조판서 행차

미스(미쓰) 誕生……워낙 고추를 즐기는 百姓이라서……

나비야 꽃이야……아빠의 귀여운 노리개감 時節……

풋사랑……마치 도둑질이라도 하는 기분……

破鏡나고 失戀!……「집안 망칠 년!」이라고……

첫날밤에 처음 본 낭군……꼽꾸없어……

첫애는 역시 미스……
사내는 주정뱅이고 시어머니는 여우 같았다……

六·二五……
역시 아들이 좋더군……그 아들 하나는 군에 가서 죽었다……

이제 며느리도 보고…
요즘 계집년들 호강하고 까부는 꼴 보니 눈에 불이 나…

▲ 여자의 일생(〈여원〉 1960년 11월호)

수 있습니다.

전근대 여성의 일생을 다룬 그림은 없습니다. 근대의 삽화나 글을 보면 여성의 일생은 이렇게 나뉩니다. 〈동광〉 제22호에 실린 글에서 여성의 일생은 '유년기(소녀), 춘기 발동기(묘령부인, 처녀), 생식 성숙기(부인), 갱년기(주부), 노년기(노파)'로 구분했습니다. 〈여원〉 1960년 11월호의 삽화에 그려진 여자의 일생은 '유년기(소녀-아빠의 귀여운 노리갯감 시절), 처녀기(풋사랑-마치 도둑질이라도 하는 기분), 부인(첫애는 역시 미스), 노년(이제 며느리도 보고)'으로 나뉩니다. 근대에서도 여성의 일생은 결혼 전후로 나뉘며, 전 생애를 '부인'으로 살아간다고 할 수 있습니다.

미 군정기에 처음으로 만들어진 여성 전담 부서의 명칭도 '부녀국'입니다. 1946년 처음으로 여자 경찰을 모집했는데, 자격 조건이 25세 이상의 기혼 여성, 곧 부녀였습니다.

산부인과, 부인과학, 부인병 따위의 출산과 관련된 어휘에 부인이 결합된 것도 이 때문입니다. 오늘날 산부인과가 여성의학과로 이름을 바꾸기 시작한 것이 미혼 또는 비혼 여성의 병원 출입을 이상하게 여기는 사회적 편견 때문이었음을 생각한다면 이 의미는 오늘날에도 지속되고 있습니다.

그러나 개항 뒤 새로운 문물이 소개되면서 다양한 경험과 독립된 인격을 지닌 여성의 모습이 드러나기 시작했습니다. 변화의 시작은 여성을 위한 학교가 세워지고 초등교육과 중등교육을 받는 여성이 등장한 것이었습니다. 교육이 강조되면서 '여자'라는 어휘의 사용이 급격하게 늘어난 까닭은 학교라는 신식 기관에서 교육받을 수 있는 대상이 대개 미혼이거나 어린 여성이었기 때문입니다. 일제 시기의 '○○여자보통학교'처럼 학교 명칭에도 '여자'가 붙었는데, 이는 오늘날까지 이어집니다. 또한 공장이나 상점, 카페, 백화점에서 일을 하는 직업 여성이 나타났고, 조선여성동우회나 경성여자청년동맹처럼 여성이나 여자를 내건 다양한 여성 단체들이 조직되었습니다.

그리고 봉건적 유습을 극복하고 근대사회를 이끌어갈 새로운 주체로 신여성이란 말이 퍼졌지요. 이제 여성은 계집아이와 부녀만이 아니라 여학생, 직업여성, 사회운동가 등으로 불리면서 독립된 인격체를 지닌 여성이 부각되기 시작했습니다.

여권통문과 교육

천주교 신앙 활동, 갑오농민전쟁, 의병 활동을 겪으면서 여성들의 생각은
점차 바뀌어갔습니다. 여성도 남성과 같은 인간이라는 생각을 하게 된 것이
지요. 문제가 되는 제도를 고치라는 목소리도 커졌습니다. 어린 나이에 결
혼해야 하는 조혼제도도 없어졌고, 남편이 죽어 혼자된 여성도 다시 결혼할
수 있게 되었습니다. 물론 법으로 이런 제도들이 시행된다고 해서 모든 것
이 하루아침에 바뀌고 여성들의 지위가 바로 높아지는 것은 아닙니다. 일부
여성들은 여성의 지위를 높이기 위해 자신들의 생각을 발표했습니다. 그들
의 말을 들어볼까요?

> 문명 개화한 나라를 보면 남녀가 어려서부터 각각 학교에 다니며 재주를 다
> 배운다. (…) 어찌하여 몸이 남자와 다름없이 같은데 안방에 머물러 다만 밥
> 과 술이나 지으리오.
> 우리도 (…) 다른 나라와 같이 여학교를 설치하고 각각 여자아이들을 보내
> 어 재주와 행세하는 도리를 배워 남녀가 일반 사람이 되게 (합시다).

찬양회라는 여성 단체가 〈독립신문〉에 발표한 「여학교 설시 통문」(「여권
통문」)이라는 글인데, 우리 역사에서 처음으로 발표한 여성의 권리 선언이
었습니다. 여성도 남성과 같이 인간으로서 누려야 할 권리가 있다고 주장하
면서 여성도 교육을 받아야 한다고 말하고 있습니다.

◀ 장옷을 입은 여성들

　찬양회는 1898년 9월 여학교 설립을 돕기 위해 만들어진 단체입니다. 찬양회 회원들은 대궐 앞에 나가 고종 황제에게 상소를 올려 여학교를 세워달라고 했습니다. 여학교 설립과 함께 장옷을 쓰지 않으면 급한 일이 있어도 마음대로 출입하지 못하는 현실을 비판하며 장옷 대신 우산 사용과 문밖출입의 자유를 요구했습니다. 찬양회 회원들은 여러 차례 상소를 올렸지만 학교 설립이 순조롭게 진행되지는 않았습니다. 그래서 자신들의 힘으로 1899년 2월 순성여학교를 세웠습니다. 이 여학교는 민간인이 세운 최초의 여학교입니다. 학생 수는 30명이었고, 연령은 7~8세부터 12~13세까지, 교육 정도는 초급과정으로 교과서는 학부에서 제정한 것을 채택했습니다.

순성여학교가 세워지기 앞서 여성 선교사 스크랜턴이 이화학당을 세웠습니다. 그 뒤에도 서양 선교사들이 세운 학교가 많이 생겼는데, 순성여학교는 순전히 조선 여성들의 힘만으로 세워진 것으로 아무도 생각하지 못했던 일을 해낸 것입니다. 그리고 1906년에 순헌황귀비 엄씨가 숙명여학교와 진명여학교를 세웠습니다.

찬양회의 활동은 독립협회가 대한제국의 탄압을 받으면서 약화되었습니다. 그 뒤 교육운동 중심의 여성 단체가 많이 조직되어 실업과 잠업 교육을 시행하고 소학교 규모의 여학교를 직접 설립하거나 학교 운영을 지원했습니다. 1908년 4월에 이르러서야 서울에 관립 한성고등여학교(경성여자고등보통학교)가 세워졌고, 1914년에 평양여고보와 경성여고보에 보통학교 교원 양성을 위한 사범과가 부설되어 전문 자격증을 가진 교사가 배출되었습니다. 그리고 정규교육을 받지 못한 여성들을 위해 사설 야학과 강습소, 강습회 따위가 설치되었는데, 1920년 차미리사의 여자교육회, 정종명의 여자고학생상조회 등이 설립되면서 여성 교육운동이 활발하게 전개되었습니다.

〈표 5〉에 따르면 1909년, 1910년에는 학교 교육을 받는 여학생이 1,000명도 안 됐습니다. 그래도 해마다 여학생 수가 늘어났고, 일제시대에는 학교가 늘어나면서 여학생도 많아졌습니다. 그렇지만 학교에 들어갔다고 모두 다 졸업하는 것은 아니었습니다.

〈표 6〉에 따르면 1911년 보통학교에 입학한 여성은 2,000명쯤으로 1910년보다 4배 가까이 늘었습니다. 그런데 그해에만 학교를 그만둔 여학생이

〈표 5〉 대한제국 말 남녀 학생 수(단위: 명)

연도	관립·공립보통학교		보조지정보통학교	
	남학생	여학생	남학생	여학생
1909년	8,085	130	2,451	52
1910년	9,598	494	3,778	210

한국여성개발원, 『한국 여성교육의 변천 과정 연구』 2000.

〈표 6〉 일제시대 공립보통학교 여학생 통계(단위: 명)

연도	입학	졸업	중퇴
1911년	1,975	73	897
1920년	7,719	737	3,863
1930년	27,807	8,054	15,829
1940년	117,783	31,579	24,278

한국여성개발원, 『한국 여성교육의 변천 과정 연구』 2000.

거의 900명입니다. 정확히는 알 수 없지만 그해에 보통학교에 다닌 여학생
이 많아야 3,000명이 안 됐을 테니 3분의 1이나 되는 여학생이 학교를 그만
둔 셈입니다.

1940년 보통학교에 입학한 여성은 1911년보다 무려 60배나 늘었습니다.
중간에 학교를 그만두는 여학생이 많았어도 이렇게 많이 입학하다 보니 글
을 읽고 쓸 줄 아는 여성이 예전보다 많아졌습니다. 이 같은 흐름은 해방 뒤
에도 계속되었습니다.

학교에 부는 치맛바람

조선시대에는 한글을 양민이나 여성들이 쓴다고 해서 '암글' 또는 '언문'이라고 불렀습니다. 일제시대에는 '지방어'로 취급되다가 사용 금지까지 내렸으니 많은 사람들이 한글을 읽고 쓸 줄 모르는 일은 어쩌면 당연한 일이지요. 언제 읽고 쓰는 능력이 나아진 것일까요?

헌법 제16조(현행 헌법 제31조)는 일정한 나이가 되면 반드시 교육을 받아야 한다는 의무교육을 기본 원칙으로 정했습니다. 이때부터 초등학교에 입학하지 않는 어린이가 빠르게 줄어들었습니다. 초등학교에 들어가는 어린이 비율이 해방 때 64%였던 것이 1955년에는 90%, 1959년에는 94%로 부쩍 늘어났습니다. 1950년대 후반에 이르면 한글을 읽고 쓸 수 있는 사람이 10명 가운데 6~7명으로 늘어나게 됩니다.

우리나라처럼 이렇게 빠른 속도로 문자 습득률이 높아진 나라는 드물다고 합니다. 여기에는 소리글이라는 한글의 우수성도 있지만 무엇보다도 부모의 교육열, 특히 어머니들의 교육열이 한몫했습니다.

어머니들의 어긋난 교육열을 빗대어 하는 말이 치맛바람입니다. 치맛바람은 1950년대부터 지금까지 여성들의 허영과 사치를 상징하는 말로 여성 문제의 화두로 떠오르곤 합니다.

해마다 3월이면 입학 소동이 일어나는 것이 이 사회의 연중행사다. 부정 입학이니, 뇌물이니, 시험문제의 누설 매매 등의 실례가 끊이지 아니하고, 심지

▲ 중학교 입시 장면(1967년)

어 공공연하게 기부금을 받고 보결생을 들이는 일까지 생겨난다.(《새벽》 1955
년 5월호)

이렇게 여성들의 치맛바람은 해마다 부정 입학의 주범으로 지탄의 대상
이 되곤 했습니다. 여성들의 이런 행위는 입신 출세주의와 이기주의에서 나
온 것이라고 이해되었지요.

그런데 교육 문제는 단순히 개인의 문제로만 돌릴 수 없습니다. 교육 환

경과 구조가 어떠했는지를 고려하면 해답을 찾을 수 있습니다.

국가 재정 가운데 교육에 쓰이는 비율은 1950년 4.8%, 1954년 6.3%에 불과했고 그 뒤에도 크게 변하지 않았습니다. 그나마 이 재정도 제때에 학교에 배정되지 못한 경우가 많았습니다. 그래서 학교에서는 운영을 위해 사친회비와 각종 잡부금을 거둬들였습니다.

1956년도 전국 국공립 각종 학교 운영 재정 실태 조사에 따르면, 전체 운영액 가운데 55%가 사친회비라는 명목으로 징수한 것입니다. 수업료와 사친회비 이외에도 무수한 잡부금이 있었지요.

1954년 전라남도 도의회 감사 결과 보고서에는 무려 32종목에 달하는 납입금 징수를 지적했습니다. 그 종목은 아래와 같습니다.

입학금, 수업료, 책상대, 수험료, 용지대, 사친회비, 시설비, 사친회입회금, 학급비, 장학비, 연구비, 체육비, 기성회비, 기성회추징금, 학도호국단입단비, 학도호국단비, 훈련비, 실험비, 실습비, 경조비, 충무공동상비, 충무탑건립비, 사대기성회비, 위문엽서대, 위문품대, 학생기념탑비, 월동비, 학급별연료대, 전별금, 유리대, 교재비, 원정비(《경향신문》 1955년 11월 28일)

이러한 교육 여건은 박정희 정권에 들어와서도 크게 달라지지 않았습니다. 학생 수에 비해 교실이 부족한 학교가 많아 2부제 수업은 당연하고 3부제, 4부제, 5부제 수업까지 실시되었습니다. 1~2학년은 아예 교실 밖에서 수업을 진행했고, 아이들은 2인용 걸상에 3명씩 앉아 수업을 받기도 했습니다. 사친회비의 과중한 부담이 1950년대 내내 문제가 되자 1962년 사친회가 해체되고 더는 사친회비를 걷지 말도록 했습니다. 그러나 곧바로 기성회비라는 이름으로 사친회비가 부활되었습니다.

이러한 교육 여건에서 모든 일의 담당자는 여성들이었습니다. 가정에서는 자식들을 교육시키기 위해 온갖 일을 도맡아 했고, 학교에 일이 있을 때에는 집안일 제쳐놓고 뛰어갔으며, 각종 잡부금을 앞장서서 거둬들였지요. 그런 과정에서 일부 여성들은 치맛바람을 일으키며 위세를 떨치고 더 좋은 학교에 입학시키기 위해 부정을 일삼기도 했습니다.

치맛바람의 부정적 측면만 강조하면 여성들의 교육열은 단순히 이기주의나 허영과 사치의 결과로만 이해됩니다. 하지만 '굶는 한이 있더라도 자식은 가르쳐야 한다'는 마음으로 '자신보다 좀 더 나은 교육 환경에서 교육받기를 바랐던' 여성들의 열망은 누구나 읽고 쓰는 능력을 갖게 했을 뿐만 아니라 더 나은 사회로 나아가기 위한 발걸음이 아니었을까요?

〈표 7〉은 해방 뒤 여성의 교육 정도를 보여주는 통계입니다. 1955년에는 학교 문턱에도 못 가거나 기초 교육인 초등학교만 졸업한 여성이 92.1%로 가장 많았는데, 1970년에는 초등학교 졸업이 45.1%로 늘었습니다. 고등학교 졸업만 보면 1970년 6.5%, 1980년 17.3%, 1990년 34.9%, 2010년 35.3%로 높아졌습니다. 〈표 5〉에서 보았듯이 1909년에 보통학교에 다닌 여성이 182명이었는데, 2010년에는 67.3%가 고등교육(고등학교와 대학교)을 받았습니다. 100년 만에 고등교육을 받은 여성이 빠른 속도로 늘어나면서 각 분야에서 여성의 역할이 기대되고 있습니다.

〈표 7〉해방 뒤 6세 이상 여성의 최종 학력(단위: %)

연도	미취학	초등학교	중학교	고등학교	대학(교)
1955년	61.8	30.3	4.1	1.5	2.4*
1966년	44.7	42.2	8.1	3.9	0.9
1970년	36.0	45.1	10.8	6.5	1.6
1980년	22.9	36.1	20.2	17.3	3.5
1990년	15.4	21.8	18.9	34.9	8.9
2000년	12.2	16.2	13.2	39.1	19.3
2005년	9.6	13.7	10.8	40.3	25.6
2010년	8.5	13.7	10.5	35.3	32.0

* 모두 전문대학

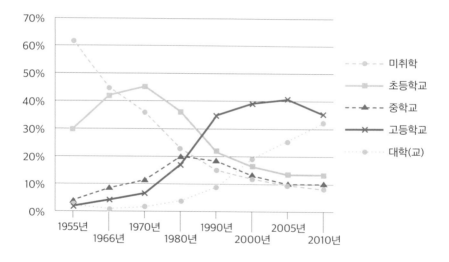

통계청, 『통계로 본 광복 70년』, 2015.

3·8세계 여성의 날

여성 개개인이 아무개가 아니라 이름을 갖고 침묵이 아닌 자신의 언어로 말하게 된 것은 '3·8여성의 날'을 계기로 확장되었습니다. 지금은 '3·8세계 여성의 날'이라 하는데 처음에는 '국제무산부인기념일' 또는 '국제부인데이'라고 불렀습니다.

'세계 여성의 날'은 1910년 덴마크의 코펜하겐에서 열린 국제사회주의 여성회의에서 독일의 여성운동 지도자 클라라 제트킨이 제안한 것에서 비롯되었습니다. 그녀는 1908년 뉴욕 거리를 행진하며 '빵과 장미'를 요구한 미국 섬유 노동자들의 시위를 기념하자고 했습니다. 빵은 굶주리지 않을 생존권을, 장미는 남성에게만 부여했던 참정권을 의미합니다. 국제사회주의 여성회의는 매년 3월 8일을 '여성의 날'로 정하고 여성들의 자유와 평등을 부르짖는 민주주의 운동을 국제적으로 기념하기로 했습니다. 1911년 3월 8일 오스트리아, 덴마크, 독일에서 처음으로 기념식이 있었습니다. 그리고 유엔은 1975년을 '세계 여성의 해'로 선포했고, 1977년 12월 유엔 총회에서 '여성의 권리와 세계 평화를 위한 유엔의 날'을 정하는 결의를 채택했습니다.

우리나라에서는 1924년에 여성 단체가 모여 기념 강연회를 개최하려고 했으나 경찰의 제지로 무산되었고, 그 뒤 1925년 3월 8일 천도교 기념관에서 조선여성동우회, 경성여자청년동맹, 경성여자청년회 연합으로 기념 강연회가 개최되었습니다. 이날 강연의 주제는 '이날을 당하여(김조이), 조선

무산 부녀의 상황(박희자), 부인 해방의 원동력(주세죽), 국제무산부인데이(박원희), 국제부인데이의 의의와 부인운동(허정숙), 현 사회와 부인의 지위(김수준)'였습니다. 허정숙은 국제부인데이의 의의를 이렇게 말했습니다.

> 이 3월 8일 국제부인데이는 언제든지 부인운동의 출발점이다. (…) 무산 부인과의 아무 관계 없는 부인운동은 결코 완전무결한 부인운동이라고 할 수 없다. 금후의 조선의 부인운동은 대중을 본위로 한 부인운동이라야만 한다. 부인운동회는 (…) 우월격을 행사하는 남성을 반역하는 것은 일개의 피상적 운동으로 도저히 완전한 것이 아니다.(〈동아일보〉 1925년 3월 9일)

국제무산부인데이 기념식과 강연회는 1931년까지 이어졌습니다. 여자청년회가 조직된 지역에서는 독자적으로 기념식과 강연회를 개최했지요. 물론 지역에 따라 양상은 달랐지만 1931년 웅기에서 열린 부인데이 소식을 보면 지역에서 어떻게 전개되었는지 알 수 있습니다.

> 웅기 근우지회에서는 지난 8일 부인데이를 기하여 동 회관에서 성대한 기념식을 거행 (…) 오후 2시 정각이 되자 사방에서 운집하는 회원 및 방청은 무려 600여 명으로 장내 장외에 인산인해를 형성하였고 89명 정사복 경관의 엄계리에 사회 원명순 여사의 개회 선언이 있자 임석 경관으로부터 방청을 금지당하고 한동준 여사의 개식사를 비롯하여 전순구 여사의 부인데이의 설명이 있었고 다음으로 차혜원 여사의 현대 여성의 임무라는 강연이 있고

김정숙 여사의 간단 솔직한 소감이 있은 후 동 4시경에 폐회하였다.(《동아일보》 1931년 3월 14일)

웅기 여성 600여 명이 모인 가운데 열린 기념 강연회는 90명에 가까운 일제 경찰의 감시와 간섭이 있었지만 무사히 마쳤습니다. 3·8여성의 날 기념 강연회는 1931년 만주사변 뒤부터 집회와 강연회 금지가 강화되면서 사라지게 되었습니다.

3·8여성의 날 대회가 다시 열린 것은 해방 뒤였습니다. 1946년 독립촉성부인단, 여자국민당, 한국애국부인회 등 세 여성 단체는 기념 강연을 열고 경성방직을 비롯한 서울 시내 공장을 방문했습니다.

남조선민주여성동맹은 1947년 3월 8일 천도교 강당에서 국제무산부인데이를 열고 '조선 여성의 해방을 위하여 힘있게 싸우자'는 결의를 표명했습니다. 그리고 1948년 3월 8일 국제부인데이에서는 "해방이란 말뿐이요 이곳 여성들은 봉건이란 쇠사슬에 얽매여 있으며 과거에도 보지 못한 수난 시기에 있는 것이다. 착취의 쇠사슬이 끊어지기를, 남녀 동등권을, 학문의 자유를, 민생 문제의 해결을! 이러한 것을 해결하기 위해서는 우리의 손으로 민주 정부를 세워야 한다"고 주장했습니다.

1949년 모든 여성 단체가 대한부인회로 통합된 뒤 국제부인데이 기념식은 거행되지 않았습니다. 3·8여성의 날이 다시 기념일로 정해지고 강연회를 비롯해 여성 문제를 제기하고 행사를 시작한 때는 1985년입니다.

1985년 3월 8일 오후 6시 서울 YWCA 강당에서 한국기독교교회협의회 여성위원회, 여성평우회, 민주화운동청년연합 여성부, 한국노동자복지협의회 여성부, 가톨릭여성농민회 등 14개 여성 단체의 주최로 '세계 여성의 날' 기념 한국여성대회가 열렸습니다. 이날 대회에서는 여대생 추행 사건, 빈민 여성과 철거 주민 실태, 기생 관광, 여성 농민과 토지, 여성 노동자와 저임금 등에 관한 현장 보고가 있었고, 한국 여성운동의 새로운 좌표가 될 '85여성운동선언문'을 채택했습니다.

◀ 2016년 세계 여성의 날 포스터

세계 여성의 날을 맞이하여, 우리는 세계 여성운동과의 연대를 확인하며, 동시에 한국 여성들이 처해 있는 특수한 상황을 분명히 인식하고 한국 여성운동의 새로운 좌표를 설정하고자 한다. (…) 올바른 여성운동은 분단을 고정화시켜 이익을 꾀하는 외세를 물리치는 민족통일운동으로, 정치적 억압으로부터 민주화를 쟁취하고 사회의 민주화와 남녀평등의 민주 사회를 이룩하기 위한 민주화운동으로, 그리고 생존권 획득을 위해 투쟁하는 대중적 조직 기반을 갖춘 민주운동으로의 성격을 띠고 나가야 할 것이다.

7개항의 선언문은 노동법 개정, 가족법 개정, 불평등한 여성들의 취업 승진 정년 제도의 시정, 기생 관광 정책의 철폐, 제주도 관광 단지 개발 계획 중지 따위의 문제를 제기했습니다. 그리고 한국 여성운동은 단순한 여성 지위 향상이나 여가 활동의 수준을 벗어나 특권층 여성의 점유물이나 출세를 위한 발판이 되어서는 안 되며 민족통일운동, 민주화운동, 민중운동으로 나아가야 한다고 결의했습니다.

1990년 일본군 '위안부' 문제를 제기하게 된 계기는 기생 관광을 문제 삼았던 데에서 출발합니다. 더는 여성을 돈벌이의 수단으로 제공해서는 안 된다는 문제의식이 여성 단체를 중심으로 제기되었는데, 이는 1985년 3·8여성의 날에 제기되었던 문제였습니다. 여성의 날은 그해 중요한 여성 문제를 제기하고 여성들에게 말할 기회를 제공하는 자리였습니다.

규범

금기를 넘어선다는 것은?

전근대 사랑의 조건

고구려, 백제, 신라 사람들이 결혼하는 데 가장 중요한 조건은 '신분'이었습니다. 그리고 남자든 여자든 부모가 소개해주는 사람, 부모가 인정하는 사람과 결혼했답니다. 그렇다고 모든 사람들이 부모의 뜻에 따라 결혼한 것은 아니었습니다. 남성과 여성이 꽤 자유롭게 만나기도 했지요.

김유신의 아버지 서현은 길에서 숙흘종의 딸 만명을 보고 반했답니다. 서현은 만명을 눈짓으로 꾀어, 중매도 없이 결혼했지요. 서현이 만노군 태수가 되어 만명과 함께 떠나려 하자, 그제야 딸이 서현과 몰래 만난 것을 안 숙흘종은 만명을 딴 집에 가두고 사람을 시켜 지켰습니다. 그런데 갑자기 벼락이 그 집 문간에 떨어져 지키는 사람이 놀라 어쩔 줄 모르는 사이에 만명은 들창문으로 빠져나와 서현과 함께 만노군으로 떠났습니다.

김유신도 어머니가 반대해 헤어졌지만 젊을 때 천관이란 여성과 만났고,

김유신의 동생 문희는 김춘추와 만나 사귀다가 아이까지 가졌지요.

선화공주와 서동의 이야기도 많이 알려져 있습니다. 서동은 백제 무왕의 이름입니다. 왕이 되기 전 마를 캐다 팔아 생활했던 서동은 신라 진평왕의 셋째 딸 선화공주가 예쁘다는 소문을 듣고 신라로 갔습니다. 그리고 아이들에게 마를 주면서 선화공주가 밤마다 몰래 서동을 만난다는 내용의 노래를 가르쳤답니다. 서동의 노래는 곧 나라 안으로 퍼졌고, 왕도 그 노래를 듣게 되었지요. 화가 난 왕은 선화공주를 귀양 보냈는데 서동은 귀양길에서 기다리고 있다가 공주에게 사실을 털어놓고 같이 백제로 갔습니다.

결혼한 부부 사이에 가장 중요하게 생각한 가치는 믿음이었습니다. 결혼하기로 약속을 하면 상대방에게 나쁜 일이 생기더라도 그 약속을 지키려고 했지요. 신라의 문장가 강수는 부부 사이의 믿음을 중요하게 생각했습니다. 강수는 일찍이 대장장이의 딸을 만나 서로 사랑했는데 부모가 다른 여성을 중매하여 결혼하라고 하자 이미 아내가 있으므로 두 번 장가들 수 없다고 거절했습니다. 부모의 반대와 사회적 편견이라는 어려움이 있었지만 한 번 맺은 인연에 대한 믿음과 의리를 지켰던 것이지요.

진흥왕 때 사람 백운과 제후는 어렸을 때 부모들끼리 혼인을 약속한 사이였습니다. 백운은 14세에 국선이 될 정도로 앞날이 창창했지요. 그런데 15세에 눈이 안 보이게 되자 이 사실을 안 제후의 부모는 딸을 다른 곳으로 결혼시키려고 했습니다. 하지만 제후는 부모의 뜻을 따르지 않고 백운의 동료인 금천의 도움을 받아 백운과 만나 혼인 약속을 지키려 했지요.

부부 사이의 믿음을 지킨 일에는 설씨의 이야기도 유명합니다. 설씨는 아버지 대신 전쟁터에 갔던 가실이 돌아올 때까지 기다렸습니다. 설씨의 아버지는 돌아올 날이 이미 지났으니 가실을 기다리지 말고 다른 사람과 결혼하라고 했습니다. 하지만 설씨는 가실과의 약속을 중요하게 생각했기 때문에 아버지의 말을 듣지 않았지요.

그런데 부부 사이의 도리를 지키는 일은 상대방이 살아 있을 때 이야기이지 죽은 뒤까지 정절을 강요하지는 않았습니다. 고려시대에는 자주 미혼녀나 과부가 연애 대상으로 등장합니다. 한 관리가 달밤에 거문고를 타고 있는데 이웃집 처녀가 담을 넘어왔다거나 용모가 아름다운 선비를 보고 반한 과부가 그를 유혹하는 이야기들이 전해집니다. 미혼녀나 과부의 연애 대상이 부인이 없는 남자라면 상관없지만 부인이 있는 남자라면 이들의 사랑은 처벌되었습니다.

남성과 여성의 자유로운 만남은 조선시대에 와서 금지됩니다. '남녀칠세부동석'이란 말이 있듯이 여성 교훈서에는 여성과 남성이 일곱 살이 되면 같이 앉거나 얼굴을 보면 안 된다고 해서 일찍부터 여성과 남성 사이의 자유로운 접촉을 금지했습니다. 성종의 어머니 소혜왕후 한씨가 쓴 『내훈』에는 연령에 따른 여성 교육을 아래와 같이 강조했습니다.

음식을 먹을 때가 되면 오른손을 사용하도록 가르친다.
말을 할 나이가 되면 아들은 공손히 바르게, 딸은 부드럽게 이야기하고 대답하도록 가르친다.
여섯 살이 되면 계산 방법과 동서남북 방위를 가르친다.

일곱 살이 되면 남자와 여자가 한자리에 앉지 않게 하고 음식도 함께 먹지 않도록 한다.

여덟 살이 되면 출입할 때와 음식 먹을 때는 반드시 어른보다 나중에 하게 하는 등 일상생활의 예절을 익히게 한다.

열 살이 되면 출입을 삼가게 하고 집 안에서 베를 짜며 끈을 땋는 일을 배워서 옷을 만드는 법과 제사를 돕도록 가르친다.

열다섯 살이 되면 비녀를 꽂고, 스무 살이 되면 결혼을 시킨다.

여성과 남성 사이의 자유로운 접촉을 금지한 이 교육은 한국 사회에서 오랫동안 유지되었습니다. 1970년대 말까지 초등학교에서는 3학년까지만 여자와 남자가 같은 반에서 공부하고 4학년부터는 성별에 따라 따로 반 편성을 했답니다.

조선 후기 남녀의 사랑으로 가장 많이 알려진 것은 「춘향전」입니다. 「춘향전」은 여러 판본이 있지만 모두 이몽룡과 성춘향이 신분을 뛰어넘어 사랑을 이루는 내용입니다. 두 사람이 남녀칠세부동석이라는 금기에서 벗어날 수 있었던 것은 신분의 차이가 있었기 때문입니다. 춘향은 자신의 사랑을 정절이라는 윤리로 승화시켜 사람들의 공감을 얻었습니다. 이것이 바로 「춘향전」이 20세기 내내 영화나 드라마로 재생산된 까닭입니다. 춘향의 감정적이고 순수한 사랑이 그만큼 사람들의 마음을 부여잡기 때문이겠지요. 그런데 이러한 순수한 사랑의 조건은 정절입니다. 한국 사회에서 정절은 현모양처의 중요한 담론으로 작용했고, 민법상 권리이자 의무로 기능했으며,

호주제를 유지하는 중요한 기둥으로 작동했습니다.

자유연애와 자유결혼

남녀 사이의 감정을 가리키는 말로 '연(戀)', '정(情)', '애(愛)' 같은 한자어는 존재했지만 서구의 'love'에 해당하는 말은 없었습니다. 개인이 자유롭게 선택한 사랑은 기존의 어떤 단어로도 표현할 수 없어 '연애'라는 말을 쓰게 되었지요.

연애라는 말은 1912년경 소설에 쓰이면서 알려졌습니다. 〈매일신보〉에 연재된 조중환의 번안 소설 『쌍옥루』는 젊은 남녀의 연애를 '지극히 신성한 일'이라고 말했고, 이상협의 『눈물』은 연애를 '순결', '신성'과 같은 수식어와 함께 사용했지요. 연애라는 말이 젊은이들의 감정을 대변하는 대중적인 말이 된 것은 1920년대에 들어서입니다.

일본으로 유학 간 젊은 남녀 학생들은 자유연애 사상을 자연스럽게 받아들였습니다. 자유연애 열풍은 구리야가와 하쿠손의 '신연애론', 엘렌 케이의 '연애결혼론'의 영향을 받았는데 그들의 책 『근대의 연애관』과 『연애와 결혼』은 젊은 학생들과 지식인들의 필독서일 만큼 큰 인기를 누렸습니다.

연애는 신성하며, 지고의 가치를 지닌다는 관념은 1920년대에 강력한 호소력을 지니고 사회 일반으로 퍼져나갔습니다. 이렇게 연애는 근대의 뚜렷한 상징으로 예찬되고 숭배되었지요.

연애의 앞에는 그를 견제하며, 명령하며, 압박할 하등의 권위자도 없다. 연애의 앞에는 '사랑한다, 사랑이 냉각하면 헤어진다' 하는 그 자신의 간단한 법률과 윤리가 있을 뿐이다. 연애 그 자신 이외의 자에게는 그 사랑을 방해, 견제, 압박할 권리가 없다. 만일 연애가 그 습관, 도덕, 법률, 기타의 위력 등의 간섭을 받는다 할진대 그는 타락된 연애이거나 정복된 연애이다.(〈개벽〉 1923년 2월호)

자유연애는 조혼이나 강제 결혼으로부터의 해방을 뜻했습니다. 사람들은 자유연애를 남녀평등이나 여성해방과 마찬가지로 여성을 차별하는 도덕이나 관습들을 깨뜨리는 일이라고 여겼습니다. 젊은이들은 '부모의 뜻에 따를까, 사랑의 길을 밟을까' 하는 문제로 고민하곤 했지요.

그러면 여성들은 어떻게 연애를 했을까요?

자유롭게 만나기가 쉽지 않아서 손쉬운 방법으로 편지를 써서 마음을 전했답니다. 편지쓰기는 무엇보다도 연애의 가장 중요한 수단이었지요. 편지쓰기가 현실에서 좁힐 수 없었던 남녀 사이의 거리를 몇 발자국 사라지게 한 셈입니다. 1935년 한 해 동안 조선 안에서 오고 간 편지가 6억 2,100여만 통이었습니다. 당시 조선 인구가 어림잡아 2,000만 명 정도였음을 생각할 때 한 사람이 1년에 30통이 넘는 편지를 쓴 셈입니다. 모두 19편의 연애편지로 구성된 서한집 『사랑의 불꽃』은 '연애편지 잘 쓰는 법'을 알려주는 책으로, 서점 한 군데에서 하루에만 30∼40권이 팔려나갈 만큼 인기를 끌었다고 합니다.

▲ 1932년 발간된 연애소설 『열정』 표지

음악회나 강연회가 만남의 장소가 되었고, 전차나 기차 안에서 남녀가 엇갈리기도 했으며, 교회에서 만남이 이루어졌지요. 이렇게 같은 장소에서 눈길을 나누게 되었지만, 서로 사랑하는 사이에서도 접촉 방식은 다분히 간접적이었습니다. 연애편지를 주고받으며 젊은이들은 얼굴을 보기 위해 또는 조심스레 말을 걸기 위해 거리로 나섰습니다. 거리를 자유롭게 거닐던 여학생들은 자유연애의 주인공이었습니다.

자유연애는 곧 자유결혼과 이어졌습니다. 이들은 결혼식도 집에서 하지 않고 교회나 절, 신문사 강당 같은 곳에서 했습니다. 나중에는 결혼식장이 생겨서 모든 결혼식 절차가 이곳에서 이루어졌지요. 다른 여성들보다 신여성들은 더욱 자신들이 선택한 남성과 결혼하기 바랐고, 시부모와 함께 살기보다는 부부 단둘만으로 이루어진 단란한 가정을 꿈꾸었습니다. 그들은 어떤 가정생활을 바랐을까요? 신여성들이 꿈꾼 행복한 가정은 어떤 모습이었는지 잡지에 실린 글을 한번 읽어볼까요?

아침 6시에 같이 일어나면 산으로 산보를 갑니다. (…) 7시에 산에서 내려와서는 같이 아침을 합니다. (…) 남편은 내가 밥할 때 불 때고 날마다 세 번씩 청소하고 나는 밥 짓고 반찬하고 옷을 만듭니다. 둘이 같이 하니까 도무지 힘든 줄 모르게 해치웁니다. 7시 반에는 아침을 마치고 학교로 가지요. 오후 4시에 돌아와서는 각각 자기 일을 합니다. 독서도 하고 바느질도 하고 빨래도 하고요. (《신여성》 1935년 6월호)

예전에는 남성과 여성이 같은 밥상에 함께 앉아 밥도 못 먹었는데 신여성들은 함께 밥을 짓는 꿈까지 꾸었네요. 사실 자유연애를 했던 많은 남성들은 이미 집안이 정해준 여자와 결혼한 기혼자였습니다. 아내가 있는 남성과 자유연애 끝에 결혼한 여자를 그때는 '첩' 또는 '제2부인'이라고 불렀습니다. 그녀들은 남편에게는 제1부인일지라도 사회적·법률적으로는 제2부인에 불과했습니다.

제2부인이라는 것은 사회의 병폐로 인하여 생긴 기형적 존재이다. (…) 현재의 제2부인이라는 것도 이 부권 중심 사회의 남녀 간 세력 불균형으로 생기

는 기형적 존재의 유물이다. (…) 새로 생긴 연처(戀妻)는 부(夫) 자신의 눈으로 유일무이한 제1부인이나 부모나 가정은 이를 인정치 아니하여 사회상 또는 법률상으로 형식의 제2부인이다.(〈신여성〉 1933년 2월호)

자유연애→자유결혼→신가정의 이어짐은 시대가 말한 새로움이었지만 신여성들이 새로운 것이라고 여겼던 '연애'는 그녀들을 지켜주지 못했습니다. 따라서 신여성들이 꿈꾸었던 '스위트 홈'은 깨질 수밖에 없었지요.

식민지 조선이 전시 체제에 접어들면서 연애에 대한 관심도 눈에 띄게 줄어들었습니다. 자유연애가 다시 사람들의 관심사가 된 때는 해방 뒤였습니다.

아래의 일간지 조사를 보면 연애결혼을 하겠다는 여학생이 38명인 데 비해 부모의 허락을 받고 일정 기간 사귄 뒤에 하는 교제결혼을 바라는 여학생이 58명이고, 부모의 의사를 따르겠다고 답한 여학생도 44명이나 되었습니다. 식민지 시기와 해방 공간에서는 실행 여부를 떠나 부모의 의사에 따른 결혼이나 중매결혼이 전근대적인 결혼 방식으로 여겨졌지만 한국전쟁 뒤에는 중매결혼 또는 부모의 의사에 따른 결혼 비율이 매우 높게 나타났습니다.

〈결혼 문제〉 ①조혼이 좋다 20명. ②만혼이 좋다 32명. ③결혼을 안 하겠다 16명. ④연애결혼을 하겠다 38명. ⑤교제결혼을 하겠다 58명. ⑥부모 의사를 따르겠다 44명.(〈경향신문〉 1955년 7월 24일)

자유연애는 조혼이라는 봉건적 유습을 무너뜨리는 유일한 방법이라고 말해졌지만 이제 '자유'라는 말은 사라졌고, 부모의 감시 아래 교제를 허락받고 하는 '연애'만이 남게 되었습니다. 그리고 결혼을 전제로 하지 않은 연애는 도덕적으로 문란한 일로 여겨졌습니다.

팔을 구부리기만 하면 솔기가 터지고

요즘 여성들은 유행에 아주 민감한데, 조선 여성들도 마찬가지입니다. 전근대에는 옷차림을 통해 신분이 드러날 수 있도록 양반과 평민과 종의 옷을 구별했습니다. 그러나 이런 차별은 특별한 형태의 옷이 유행하면서 점차 사라졌습니다.

조선 초기 여성들의 저고리 길이는 허리 밑까지 왔고, 소매는 손등을 덮을 정도로 길고 넓었습니다. 그러다 점차 저고리 길이가 짧아지고 소매 넓이도 좁아졌지요. 조선 후기에 가면 저고리 길이가 너무 짧아져서 겨드랑이 살을 가릴 수 없을 정도여서 가리개용 허리띠까지 생겼다고 합니다.

또 속옷을 입은 뒤 치마를 몇 겹으로 겹쳐 입어 엉덩이가 마치 항아리 모양처럼 부풀어 보이게 했습니다. 치마를 많이 입다 보니 당연히 치마폭이 넓어졌지요. 그리고 저고리 길이가 짧아지는 대신 치마는 허리선 위로 올라오면서 길고 넓어지게 되었습니다. 조선 후기의 미인도를 보면 이러한 모습이 잘 나타나 있습니다. 이덕무는 『사소절』에서 이 모습을 보고 '요사스럽다'라면서 하루빨리 고쳐야 한다고 주장했습니다.

지금 세상의 부녀들의 옷은 저고리는 너무 짧고 좁으며, 치마는 너무 길고 넓으니 의복이 요사스럽다. 일찍이 어른들의 말을 들으니, 옛날에는 여자의 옷을 넉넉하게 만들었다 한다. 지금은 그렇지 않다. 새로 생긴 옷을 시험 삼아 입어보았더니, 소매에 팔을 꿰기가 몹시 어려웠고, 한번 팔을 구부리면 솔기가 터졌으며, 심한 경우에는 간신히 입고 나서 조금 있으면 팔에 혈기가

▲ 조선 초기 조반부인 초상

▶ 조선 후기 미인도

통하지 않아 살이 부풀어 벗기가 어려웠다. 그래서 소매를 째고 벗기까지 하였으니, 어찌 그리도 요망스러운 옷일까. 복장에서 유행이라고 부르는 것은 모두 기생들의 아양 떠는 자태에서 생긴 것인데, 부인이 기생의 복장을 하는구나. 모든 부인들은 그것을 빨리 고쳐야 한다.

입을 때도 간신히 입었지만 벗을 때는 실이 뜯어질 정도였으니 저고리 폭이 얼마나 좁아졌는지 알 수 있습니다. 하지만 이런 불편함에도 여성들은 아랑곳하지 않았던 것 같습니다. 풍속화에 등장하는 여성들의 모습이나 미인도에 그려진 여성들의 모습은 한결같았으니까요.

그런가 하면 머리에 머리카락을 올리는 '다리'가 유행하기도 했습니다. 다리는 머리숱을 많아 보이게 하기 위해 원래의 머리에 덧붙이는, 일종의 가발과 같은 것입니다. 기생이나 양반 여성들은 자기 머리카락만으로는 풍성한 머리채를 꾸미기 힘들었기 때문에 다리를 사용했습니다. 양반 여성들은 가난한 집 여성이나 남성 혹은 죄수의 머리카락을 사서 머리채를 더욱 부피 있게 꾸몄지요. 그런데 이런 일도 있었답니다.

요즘 어느 한 부잣집 며느리가 다리를 얼마나 높고 무겁게 하였던지 시아버지가 방에 들어가자 갑자기 일어서다가 다리에 눌려서 목뼈가 부러졌다. 사치가 능히 사람을 죽였으니 아, 슬프도다.

이렇게 사치품이 되어가자 나라에서는 '다리 금지령'을 내리고 족두리와

▲ 다리를 한 여성들의 모습(「혼인 60주년 기념 잔치」)

쪽 찐 머리를 하도록 했습니다. 그 뒤 족두리는 생활하는 데 불편해 쓰지 않고 뒤쪽에 비녀를 꽂은 쪽머리로 정착되었습니다.

　찬양회 회원들이 대궐 앞에서 상소할 때 장옷을 벗고 거리를 활보하게 해달라고 했던 일 생각나지요? 조선시대에는 내외법에 따라 여성은 장옷, 쓰개치마, 천의, 삿갓 따위로 얼굴을 가렸지만 개화기 여성들은 장옷의 불편함을 내세워 장옷 벗기 운동을 했습니다. 그들은 장옷 대신에 우산을 썼습니다. 1910년대 여학교에서 쓰개치마를 폐지하자 학생들의 자퇴가 잇따랐다고 합니다. 각 학교에서는 우산을 나누어주어 얼굴을 가리도록 했지요. 얼굴 가리개로 쓰던 우산은 차츰 양산으로 바뀌어 여성의 장식용으로 자리

를 잡아갔습니다. 양산 이외에도 뾰족구두, 모자, 숄, 안경 따위는 신여성의
상징이 되었습니다. 더구나 개량 한복 차림에다 구두를 신고 거리를 활보하
는 여성의 모습은 전근대 사회에서는 쉽게 찾아볼 수 없는 광경이었지요.
짧은 통치마에 저고리를 입는 개량 한복은 오랫동안 신여성의 옷차림이었
습니다. 가슴 위까지 올라갔던 저고리는 허리까지 내려오게 하면서 고름 대
신 단추를 달았고, 치마는 발등에서 조금씩 올라오다가 종아리가 살짝 드러
날 만큼 짧아졌습니다.

◀ 신여성의 옷차림
(《신여성》 1924년 10월호)

그리고 여성의 단발은 사회적 찬반 논쟁을 불러일으킬 정도였습니다. 단발은 당시 여성에게는 구시대의 의식을 버리고 새로운 문명을 맞이한다는 것을 의미했지요. 그러나 여성의 단발은 여성이 남성화되거나 여성의 본분을 지키지 않는 행위로 비쳤고, 단발한 여성에 대해서는 사회적 비난이 쏟아졌습니다. 투사적 의지이건, 여성 억압에 대한 반발이건, 정절의 증명이건, 생활의 편리함을 꾀하기 위해서이건 단발은 당시 여성들에게는 대단한 용기를 필요로 하는 사회에 대한 도전이요 반항이었으며 여성해방의 표상이었습니다.

한국전쟁을 치르면서 여성들의 옷에도 변화가 일어났습니다. 이전까지만 해도 여성은 바지를 잘 입지 않았는데 몸뻬를 입으면서 바지를 입는 일이 친숙해졌지요. 관공서의 몸뻬 입기 강요에 사람들의 불만이 터지자 내무부 장관이 '몸뻬 단속에 대하여'라는 담화를 발표하기도 했습니다.

'몸뻬' 착용 강요가 없도록 각 취체 당국의 주의를 환기 (…) 경찰관들도 (…) 민중의 일상생활에 간섭하며 (…) 부녀자를 모욕 내지 인권을 유

◀ 몸뻬를 입은 여성의 모습(《여성동아》 1976년 11월호)

린하는 (…) 사실이 왕왕 보고되어 온다. 특별히 소위 몸뻬의 단속이 (…) 그 예의 하나이다.(〈동아일보〉 1951년 3월 12일)

몸뻬는 허리와 발목에 고무줄을 넣어 일하기 편하게 만든 옷인데 '일바지'라고도 합니다. 일제 전시 체제 때 강요에 의해 입기 시작했는데 한국전쟁 때에는 물자 절약 차원에서 강요되었지요. 대신 양장을 입은 여성들은 '사치와 허영'에 빠진 여성이라고 비난을 받았습니다. 그런데 양장은 원조로 보내온 구제품에 섞여 들어오면서 빠르게 퍼져나갔습니다. 1950년대 초반의 구호물자는 한복을 양장으로 빠르게 변화시키는 계기가 되었습니다.

정부는 1961년 10월 전 국민에게 '표준 간소복'을 정해 입으라고 했습니다. 표준 간소복이란 국가에서 일률적으로 지정했다는 뜻에서 '표준'이고, 한복보다 활동하기에 편리한 간편복이란 뜻에서 '간소복'입니다. 이 옷을 제정한 까닭은 한복에 비해 돈도 많이 들지 않아 옷값에 소비되는 돈을 아낄 수 있고, 간소복을 입음으로써 '재건' 정신을 기를 수 있다고 생각했기 때문입니다. 정부는 모범을 보이기 위해 공무원들에게 공무원 근무복을 입으라고 강요했습니다. 남성용 근무복은 넥타이의 유무와 단추의 개수에 따라 구분했고, 여성용 근무복은 무릎과 발목 중간 정도의 치마 길이를 한 원피스였습니다. 공무원들의 근무복은 1996년에 사라졌습니다.

젊은이들은 국가에서 만든 간소복에 만족하지 않았습니다. 미니스커트는 1960년대 말부터 미니를 입지 않으면 촌뜨기로 취급받을 정도로 여성들 사이에서 크게 유행했습니다. 젊은 세대의 소비문화를 상징하는 미니스커

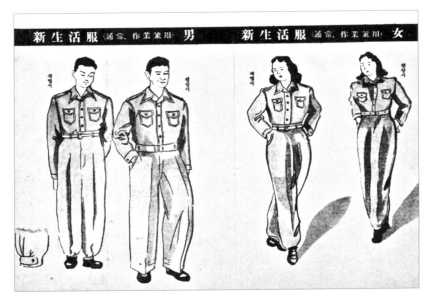

▲ 신생활 홍보지

트의 유행은 새로운 세대 문화의 등장을 뜻했습니다. 그런데 국민들의 옷차
림까지 통제하려 했던 박정희 정권은 길거리를 지나가는 사람들의 차림새
를 단속하기 시작했습니다. 「경범죄처벌법」에 따르면 미니스커트 단속 기
준은 무릎 위 20센티미터였습니다. 경찰들은 자를 들고 다니며 길거리에 쪼
그리고 앉아 미니스커트를 입은 여성의 무릎에서부터 치마 끝까지의 길이
를 재고 다녔습니다.

　1970년대 초에는 핫팬츠와 함께 길이가 길고 아랫부분이 나팔 모양으로
벌어진 판탈롱 바지가 유행했습니다. 1970년대 중후반에는 장발에 청바지

를 입고 통기타를 메고 다니는 것이 기성세대에 대한 반발과 분노를 드러내는 한 방법이었습니다. '빽바지'라 불리던 청바지는 원래 미국의 히피족이 기성세대에 대한 저항의 표시로 입기 시작했던 것인데, 우리나라에서는 팝송과 함께 들어와 대학생의 제복이 되다시피 했지요. 통기타와 청바지와 티셔츠는 그때 청년 문화를 표현하는 대표적인 수단이었습니다. 각종 금지와 통제 아래에서 복장이나 머리 길이에서만이라도 자유를 만끽하고픈 젊은이들의 저항 의식이 발동한 것이지요. 장발과 청바지, 미니스커트는 1970년대를 상징하는 하나의 문화 현상이었습니다.

단발 옳은가, 그른가

여성 단발을 둘러싼 당대 지식인들의 생각을 100분 토론 방식을 빌려 알아보겠습니다. 이 자리에 참석하신 여러 선생님들을 소개하겠습니다. 먼저 단발을 찬성하시는 분들로는 김활란(이화학감), 김기림(평론가), 안석주(화가)님께서 참석하셨습니다. 단발을 반대하시는 분들로는 김병준, 정종명(근우회), 최진순(경성여자보육학교장), 최독견(소설가) 님께서 참석하셨습니다.

사회 일전에 강향란이라는 여성이 머리를 깎고 남장을 하고 정치강습원에 다닌다고 합니다. 우리나라에서 처음으로 단발한 여성일 텐데요, 이 일을 두고 여론에서는 난리입니다. 사회에서 매장해버려야 한다는 둥, 강습원에서는 그 여성을 받아들이지 말아야 한다는 둥. 그래서 여러분들의 이야기를 들고자 이렇게 모셨습니다. 먼저 단발을 찬성하시는 분부터 이야기를 들어볼까요?

김활란 내가 단발을 한 것은 3~4년 전으로, 머리를 깎게 된 특별한 동기는 없습니다. 단발은 손이 더러우면 손을 씻는 것처럼 일상생활의 상식이라고 생각합니다. 단발을 하면 여러 가지 장점이 있습니다. 첫째, 위생에도 좋습니다. 둘째, 시간을 많이 들이지 않아 경제적이기도 합니다. 셋째, 단발 미인이라는 말도 있듯이 아름답습니다. 넷째, 세계 여성들이 모두 단발합니다. 우리도 대세를 따라야지요. 다섯째, 여성해방의 한 조건입니다.

김기림 나는 단발은 여성해방의 상징이라고 생각합니다. 또한 단발은 현대 문화와 잘 어울립니다. 지금 단발하는 여성이 있다면 그 여성은 과거 관습과 작별을 하는 행위입니다. 나는 '여성이여! 단발하십시오!'라고 외치고 싶습니다.

안석주 나는 여학생들이 모두 단발하기를 고대합니다. 오늘날 학생들은 몸이 튼튼합니다. 튼튼한 몸을 가진 여성이 단발을 하면 세련되게 보일 것입니다. 나는 새 교육을 받는 여학생 사이에 단발이 유행했으면 바랍니다.

사회 열띤 의견 잘 들었습니다. 단발을 찬성하시는 분들은 단발의 장점을 잘 지적하셨습니다. 그러면 반대하시는 분들의 의견도 들어봅시다. 누가 하시겠습니까?

최독견 나는 절대 반대합니다. 신여성들이 어째서 단발을 합니까. 신여성이 단발하는 것은 허영이 아닌가요. 그것은 '멋'을 부리기 위해 그러는 것이 아닌가요. 단발이 경제적으로 좋다고 하는데요, 내가 보기에 멋 부리는 여성들이 하더군요. 여학생들이 단발하고 싶어 하는 심리는 남의 주목을 받고 싶어 하는 천박한 마음에서 나온 것입니다.

김병준 요즈음 남녀평등을 주장하는 신여성 여러분께 충고 하나 하겠습니다. 아무리 남녀평등이 되었다고 여자가 남자가 되는 것은 아닙니다. 여성의 미를 버리지 말고 겉모습에만 신경 쓰지 마십시오. 마음에 더 충실하십시오. 만약 단발하고 싶거든 미국이나 중국으로 가십시오.

최진순 나는 단발에 반대합니다. 단발하면 자주 머리를 빗고 자주 감아야 한다고 합니다. 더 큰 이유는 조선 여자들이 단발하여 보기에 좋은 여성이 몇 사람이나 되겠습니까. 뚱뚱하고 키가 작은데 거기에다 단발까지 하면 여성 특유의 모습을 깨뜨리고 말 것입니다. 절대 반대합니다.

정종명 내가 단발을 반대하는 것은 결코 옛날의 도덕이나 습관을 지키자는 데에 있지 않습니다. 나는 실제로 경험을 해보고 아직은 조선의 사정을 생각할 때 그것을 반대합니다. 특히 사회운동을 하시는 여성들은 고민해야 합니다. 단발을 하고 사회운동을 하려니까 사람들이 나를 이상하게 생각해서 도저히 사회운동을 할 수 없었습니다. 아직도 우리나라 여성의 대부분은 단발을 하지 않았습니다. 무엇보다도 사회운동을 하시려는 여성들은 단발하지 않는 것이 좋습니다.

사회 오늘 여러분들의 열띤 토론 잘 들었습니다. 단발을 반대하시는 분들의 이유도 다양합니다. 단발은 멋 부리는 행위라서 반대하는 분도 계시고, 단발이 여성해방의 상징이긴 하지만 사회운동을 하기 위해서는 단발을 반대한다는 분도 계십니다. 그런데 단발은 여성들에게는 대단한 용기를 필요로 하

는 사회에 대한 도전이요 반항인 것은 분명합니다.(《동광》 제37호, 《별건곤》 제
18호, 《삼천리》 제4권 제5호)

대한민국 헌법 제8조와 가족법

헌법은 나라의 기본이 되는 법으로 모든 법률은 바로 헌법이 정한 범위 안
에서 운영됩니다. 제1대 국회의원들이 뽑히고 나서 그들이 가장 먼저 한 일
은 헌법을 만드는 일이었습니다. 처음에 만들어진 대한민국 헌법(제헌헌법)
에서는 여성의 지위를 어떻게 말하고 있을까요?

헌법 제8조(현행 헌법 제11조)는 "모든 국민은 법률 앞에 평등이며 성별,
신앙 또는 사회적 신분에 의하여 정치적·경제적·사회적 생활의 모든 영역
에 있어서 차별을 받지 아니한다"고 했습니다. 헌법 제8조를 바탕으로 가족
안에서의 여성의 권리와 의무에 관련된 법률이 만들어졌습니다. 이 법률이
'민법'인데, 여기에 가족법이 있습니다. 이 법은 언제 만들어졌을까요? 놀랍
게도 1956년에 국회에서 민법을 어떻게 만들지 의논하기 시작했고, 1958년
에 제정되어 1960년 1월 1일이 되어서야 법률로 실시되었습니다.

해방되고 15년 동안 일제시대에 만든 가족법이 적용되어 여성을 옴짝달
싹하지 못하게 했습니다. 여성을 포함한 시민들의 일상생활에 국가가 얼마
나 무관심한지는 민법과 국가보안법의 제정과 개정을 확인해보면 알 수 있
습니다. 1948년 국가보안법이 제정된 지 10년 뒤인 1958년에 민법이 제정

<표 8> 민법과 국가보안법 제정과 개정 횟수와 일자

민법(가족법)	국가보안법
1958년 2월 22일 제정	1948년 12월 1일 제정
1962년 12월 29일 일부 개정	1949년 12월 19일 전부 개정
1964년 12월 31일 일부 개정	1950년 4월 21일 일부개정
1970년 6월 18일 일부 개정	1958년 12월 26일 폐지 제정
1977년 12월 31일 일부 개정	1960년 6월 10일 전부개정
1984년 4월 10일 일부 개정	1962년 9월 24일 일부 개정
1990년 1월 13일 일부 개정	1980년 12월 31일 전부 개정
1997년 12월 13일 타법 개정	1987년 12월 4일 타법개정
* 이후 2000년대 들어와 19번 걸쳐 개정 진행됨	1991년 5월 31일 일부 개정
	1994년 1월 5일 타법개정
	1997년 1월 13일 타법 개정
	1997년 12월 13일 타법 개정
	2011년 9월 15일 타법 개정
	2016년 1월 6일 타법 개정

되었습니다. 〈표 8〉은 민법과 국가보안법의 제정과 개정 횟수를 기록한 것입니다.

가족법 제정을 둘러싸고 정부와 여성들 사이에 의견이 많이 엇갈렸는데 가장 중요하게 생각했던 것이 무엇이었는지 들어볼까요?

정부 안 친족상속법이라고 하는 것은 (…) 국민의 정신에 별로 충격이 없고 우리나라 미풍양속을 완성시킬 이러한 의도하에서 (만들어져야 한다).

여성들의 안 친족상속법을 제정하는 것은 국민이 준수하여야 할 도덕률을 제정하는 것이 아니다. (…) 친족상속법은 최소한 헌법 규정 내지 헌법 정신에 어긋나서는 안 될 것이다.

정부가 제안한 가족법의 초점은 '우리의 미풍양속을 지키자'는 것이고, 여성들이 제안한 가족법의 초점은 '법 앞에 평등하다는 헌법 정신을 벗어나서는 안 된다'는 것이었습니다. 그런데 그 미풍양속이란 것이 사실 조선시대 유교에 바탕을 두고 지키던 관습들이거나 일제강점기에 적용된 것들입니다. 그럼에도 국회에서 통과된 가족법은 여성들의 의견을 거의 받아들이지 않았습니다.

가족법은 결혼한 여성에게 가해지던 차별을 일부 없앴습니다. 결혼한 여성은 자기 마음대로 땅을 사고팔 수도 없었고 독자적으로 가게를 운영할 수도 없었습니다. 재산도 결혼을 하게 되면 남편 소유가 되었습니다. 그동안 여성은 법적 무능력자였습니다. 가족법은 이런 제도를 없앴습니다. 그러나 여전히 여성을 차별하는 조항이 남아 있었습니다. 아버지 핏줄만을 중요하게 여겼고, 남녀에 따라 재산 상속을 차별했으며, 자식에 대한 권리도 남성만 인정했습니다.

그래서 여성들은 여기에 머물지 않고 가족법 개정 운동을 끊임없이 벌였습니다. 여성운동의 가장 큰 흐름 가운데 하나가 가족법 개정 운동입니다. 여성들은 가족법을 고쳐 여성과 남성이 평등한 사회를 만들고자 했습니다.

1973년에 61개 여성 단체가 모여 '범여성 가족법 개정 촉진회'를 열었습니다. 이 대회에 모인 1,200여 명의 여성 대표들은 "가족법 개정이 이루어지는 날까지 계속 연합운동을 펼칠 것"을 다짐했습니다. 이날 발표한 결의문의 내용을 읽어봅시다.

> 타고난 성별과 순서에 따라 특전과 천대가 나누어지는 현재 가족법은 세계 인권선언과 우리 헌법에 정면으로 위배 (…) 남자와 여자, 가족과 가족으로 상하 지배 복종의 관계로 차별해서 규정한 현재 가족법은 분명 법이 추구하는 정의를 외면해왔다.

이 결의문은 가족법이 남성과 여성을 평등하게 대하는 것이 아니라 지배와 복종 관계를 만들어낸다고 비판하고 있습니다. 유엔은 1975년 지구촌에서 일어나는 성차별을 없애기 위해 '세계 여성의 해'를 선포했습니다. 이러한 나라 밖 소식은 가족법 개정 움직임에 힘을 실어주었고, 여성 단체들은 이해를 '가족법 개정 가두 캠페인의 해'로 정하고 거리에서 가족법을 고치자고 사람들에게 알렸습니다.

그러나 정부나 국회는 과감하게 가족법을 바꿔 여성 문제를 해결하려고 하지 않았습니다. 여성 단체는 열심히 뛰어다녔지만 문제는 그대로 남아 있었지요. 한동안 주춤하던 가족법 개정 운동은 1984년 '가족법 개정을 위한 여성연합회'가 만들어지면서 다시 활기를 띠기 시작했습니다. 여성연합회는 가족법 개정이 왜 필요한지 알리고 많은 사람의 뜻을 모으기 위해 길거리에서 서명운동을 펼쳤습니다. 많은 시민들이 '다 같은 인간이다', '가족법 개정 운동에 동참합시다' 따위의 구호에 뜻을 함께하며 서명운동에 참여했

▲ 호주제 폐지 알림 전단

습니다. 그런데 이 운동이 활발해지자 유림 단체들은 '우리의 아름다운 풍속을 없애려 한다'며 오히려 가족법 개정 반대 운동을 전개했습니다.

여성연합회는 전화하기·편지 보내기 운동이나 성명서 발표, 강연회 개최 같은 활동을 꾸준히 이어갔습니다. 그 결과 1988년 11월 7일 13대 국회에 가족법 개정안을 내놓았지요. 그때 국민 여론을 조사했는데 서울 시민 79%가 가족법을 고치는 데 찬성했다고 합니다. 결국 1989년 12월 가족법 개정안이 통과되어 1991년부터 새 가족법이 시행되었습니다. 이로써 이혼할 때 아내의 재산 분할 청구권이 인정되어 가사노동의 가치가 법적으로 보장받게 되었고, 재산 상속에서도 연령이나 성별에 관계없이 균분 상속이 이루어졌습니다. 그렇지만 가장 차별적인 호주제는 그대로 남아 있었습니다.

호주제는 한 집의 가장(호주)을 아버지로 정해두고, 어머니와 자식들은 호주인 아버지의 아래에 속하도록 하는 제도입니다. 호주는 남자로만 이어졌는데, 아버지에게서 큰아들로, 다시 큰손자로 이어지는 것이지요. 여성들은 결혼 전에는 아버지의 호적에 속하고 결혼 뒤에는 남편의 호적에만 들어가야 했습니다. 자녀도 아버지의 호적에 들어가도록 되어 있었습니다. 그렇기 때문에 이혼한 여성은 자녀와 같은 호적에 있을 수 없어 법률상 부모임을 인정받지 못했습니다. 이러한 젠더 차별적인 성격 때문에 사람들은 오랫동안 호주제를 없애야 한다고 주장하며 싸워왔습니다. 그 노력이 헛되지 않아 2008년 1월 1일부터 호주제가 사라졌습니다.

8강

운동

민족 대표 33인에는
왜 여성이 없을까?

여성들의 3·1운동

1919년 3월 1일, 독립선언서가 시내 곳곳에 뿌려졌습니다. 종로 3가의 탑골공원에서는 수천 명이 모여 있었지요. 한 학생이 독립선언서를 읽자 수천 명이 한목소리로 외치는 만세 소리가 하늘을 울리고 땅을 뒤흔들었습니다. 사람들은 떼를 지어서 행진했고, 시내 곳곳에서는 독립을 알리는 종이쪽지가 눈처럼 휘날렸습니다.

만세운동은 서울에서만 벌어진 게 아닙니다. 평양, 진남포, 선천, 안주, 의주 등 여러 도시에서 한꺼번에 터져나왔습니다. 만세운동은 다음 날에도 그다음 날에도 그치지 않았습니다. 도시와 농촌을 가리지 않고 전국 방방곡곡으로 퍼져나갔지요. 남녀노소 가릴 것 없이 조선 사람이면 누구나 만세를 불렀습니다. 특히 학생과 교사들이 많이 참여했지요. 〈표 9〉는 3월 동안 여성들이 일으킨 만세운동의 일부를 정리한 것입니다.

〈표 9〉 3·1운동

일자	내용
2월 8일	• 동경 유학생을 중심으로 2·8독립선언서 발표에 김마리아, 황애덕 등 참가. 그 뒤 조선에 입국, 각종 선전 활동을 벌임
2월 26일	• 박현숙이 박승호와 함께 수백 장의 태극기를 제작하고, 혈성가를 등사함
2월 27일	• 배화학당 학생 대표들이 기숙사에 모여 3·1운동 독립 만세시위를 계획
3월 1일	• 경성여자고등보통학교 여학생들, 탑골공원에서 열린 독립선언식에 참여한 뒤 만세시위 전개 • 이화학당 학생 김수은, 평양경찰서 앞에서 독립 연설 • 신성학교 학생 수백여 명이 만세시위 전개 • 원산 진성여학교, 루씨여학교 학생 등 2,500여 명이 만세시위 전개 • 이화여자고등보통학교 여학생들 만세시위 전개, 28명이 검거됨 • 개성 호수돈여학교 학생 조숙경, 권명범, 이경화 등이 시위를 계획. 어윤희의 도움을 받음 • 정신여학교 졸업생 김마리아 체포됨. 8월 4일 가출옥 석방 • 경성 기생 800여 명이 만세시위 벌임 • 정신여학교 학생들이 역사 노트를 나무 밑에 묻고 '대한 독립 만세'를 외침. 이 사건으로 10여 명의 학생이 검거됨 • 숙명여학교 학생 7명이 파고다공원에서 만세시위. 기숙사에 있는 학생들이 흰옷과 흰 댕기, 짚신 차림으로 소복하고 저녁 식사 뒤 학교에서 만세시위
3월 2일	• 황애덕, 박인덕, 신준려, 김하루닌, 손정순, 나혜석, 안숙자, 안병숙 등 동경 유학생들과 조선 학생들의 만세시위 계획 • 진명여학교 학생 이정희가 나혜석으로부터 받은 독립선언문을 교내 학우들에게 배부, 독립 만세 외칠 것을 권유
3월 3일	• 개성 호수돈여학교 학생 35명이 만세시위 전개. 학생들은 시위에 앞서 학교에 퇴학계를 제출 • 영생여학교 학생들이 여교사 전창신의 주동 아래 만세시위 전개 • 숭실중학·숭의여중·평양고보 남녀 학생들이 독립단이라는 이름으로 숭덕여학교에 모여 만세시위 전개

3월 4일	• 평양의 여학생 약 200명이 신양리에 있는 미국인 집 앞에 모여 독립선언식을 거행하고 시가행진
3월 5일	• 경기도 안성의 기생들이 독립 만세 시위운동 주도 • 고양 흥영여학교 학생 60여 명이 마포에서 만세시위 전개 • 서울의 제2차 시위가 남대문역 앞에서 남녀 학생 운동으로 시작됨
3월 8일	• 대구 신명여학교·계성학교·교남학교·공립고등보통학교 학생들이 시위 전개 • 목포 정신여학교 학생들이 태극기와 선언서를 배부하고 '대한 독립 만세'라고 쓴 플래카드를 들고 시위행진에 참가
3월 9일	• 재령의 기독교 여성 신도 400여 명이 만세시위 전개
3월 10일	• 광주 수피아여학교 학생들과 숭일학교 학생들이 시장에서 만세시위 전개 • 성진에서 여학생 60여 명을 포함한 300여 명의 학생·시민 연합시위대가 독립선언식을 거행하고 시위행진 전개. 일경의 총격으로 여학생 1명 사망
3월 11일	• 부산 일신여학교 학생 만세시위
3월 12일	• 마산 정신여학교·창신학교 교사들이 사표 제출 뒤 남녀 학생과 시민을 이끌고 만세시위 전개
3월 13일	• 전주 여학생 14명이 독립운동을 거행
3월 19일	• 진주에서 기생 박금향 등 32명이 시위행진의 선두에 나섬. 치마에 돌을 싸서 일본 경찰에게 던짐
3월 20일	• 천안의 양대 장날에 양대여숙의 교사와 여학생 70여 명이 만세시위 전개
3월 21일	• 통영에서 만세시위에 참가한 기생 정막래, 이소선 등이 체포되어 징역 6개월이 언도됨
3월 29일	• 기생 김향화가 주동이 되어 자혜의원 앞에서 만세시위 전개

3월 30일	• 재령 만세시위에서 박원경이 남장을 하고 운동을 주도하다 검거됨 • 해주 의정여학교 학생 1,000여 명이 만세시위 전개 • 회령의 남녀 학생 5,000여 명이 태극기를 흔들고 만세시위 전개

4월 1일	• 유관순이 중심이 되어 아우내 장터에서 약 3,000명이 만세시위 전개
	• 해주에서 기생 해중월, 형희, 옥채주, 월희, 월선 등이 손가락을 깨물어
	  태극기를 그리고, 독립선언서를 얻을 수 없어 국문으로 글을 지어
	  5,000장을 만들어 뿌림

국사편찬위원회 여성연표

여성들은 만세시위에 필요한 태극기, 고종 인산일에 사용할 댕기를 만들어 시위 준비 작업에 참여했고 선언문 배포에도 큰 역할을 담당했습니다. 몇 가지 사례를 들어보겠습니다.

평양의 시위운동에는 한 여성의 정성어린 후원이 큰 역할을 했습니다. 안정석은 시댁의 재력을 이용해 자신의 집을 태극기와 독립선언서를 만드는 장소로 제공했습니다. 그녀의 큰 시숙은 대동 군수, 작은 시숙은 중추원 참의였습니다. 1주일 전부터 숭의여학교와 광성학교의 학생들이 작업했고, 그 비용은 모두 안정석이 부담했지요. 그 뒤 안정석은 일제 경찰에 검거되어 고문을 받았으나 끝내 태극기와 독립선언서의 인쇄 사실을 밝히지 않았답니다.

황애덕은 동경여자유학생회에서 활동하면서 2·8독립선언 준비에 참여했습니다. 그리고 김마리아는 2·8독립선언서 10여 장을 베껴 변장한 옷 속에 숨기고 2월 15일 부산으로 들어왔습니다. 이들은 귀국한 뒤 대구, 광주,

◀ 대한독립여자선언서

◀ 3·1운동 기념 포스터

서울, 황해도 일대에서 여성들도 궐기를 서둘러야 한다며 3·1운동 사전 준비에 힘썼습니다.

여성들은 시위운동에 필요한 준비뿐만 아니라 직접 시위운동이 벌어지는 현장에도 참가했습니다. 〈표 9〉에서 간략하게 소개했지만 몇 가지 사례를 들겠습니다.

개성 호수돈여학교 학생들은 지하실에서 독립선언서와 태극기를 만들었습니다. 3월 3일에 만세를 부르며 시가행진을 하다가 일제 경찰에 끌려갔지요. 이 모습을 본 사람들이 경찰서로 몰려갔고, 일본인 군수조차 여학생들의 만세운동을 보고 "어린 여학생들이 자기 나라를 위해서 이와 같이 열렬히 운동을 벌인 것은 세계 어느 나라에서도 일찍이 볼 수 없었던 일이고, 따라서 나로서는 감격을 금할 길이 없다"고 말했다고 합니다. 여학생들의 만세운동에 영향을 받은 사람들은 그 뒤를 이어 계속 들고일어났습니다.

부산 일신여학교 학생들은 치마로 5,000장의 태극기를 만들어 3월 11일에 기숙사를 뛰쳐나와 거리에서 사람들에게 태극기를 나누어준 뒤, 목청이 터져라 대한 독립 만세를 외쳤습니다. 일신여학교의 만세운동은 동래에서 처음으로 일어난 시위였지요. 이날의 만세시위는 경찰의 방해로 20분 만에 끝났고, 많은 여학생이 경찰에 체포되었지만 사람들에게 큰 영향을 주었답니다.

이 학교들뿐만 아니라 전국의 모든 여학교가 만세운동에 참여했을 정도로 여학생들의 활약은 대단했습니다. 여학생들의 만세운동은 사람들에게 감명을 주어 전국 곳곳에서 만세운동이 일어나게 하는 힘이 되었지요. 그런데 여학생들만 만세시위를 한 것은 아닙니다.

해주 기생 해중월, 형희, 옥채주, 월희, 월선은 "우리는 죽어도 같이 죽고 살아도 같이 살자"라고 결심하고 손가락을 깨물어 태극기를 그렸습니다. 이들은 흰 옥양목 치마저고리를 차려입고 머리에는 태극 수건을 쓰고 길거리로 나와 만세운동을 했지요. 이 소식이 퍼지자 해주 지역의 동료 기생들이 달려와 함께 했답니다.

수원에서는 병원으로 진료를 받으러 가던 기생들이 만세운동을 벌였고, 통영·진주·고성·해주에서도 만세시위를 하다 잡혀간 기생이 많았습니다. 진주 기생들이 만세시위를 하러 가는 모습을 박은식은 『한국독립운동지혈사』에서 이렇게 기술하고 있습니다.

23일에는 기생들의 독립단도 등장하였다. 애국가를 부르고 만세를 부르며 남강을 따라 오니 왜경 수십 명이 급히 달려와 칼을 빼어 쳤다. 기생 한 명이 부르짖어 말하기를 "우리가 죽어 나라의 독립을 이룰 수 있다면 죽어도 한이 없다"고 하였다. 여러 기생들은 모두 태연히 전진하여 조금도 두려운 기색이 없었다.

3·1운동은 여성들에게 중요한 의미가 있습니다. '여성이 무엇을 할 수 있을까?' 또는 '어떻게 살아야 하는가?' 따위의 생각을 하는 계기가 되었으며, 자신들도 민족의 구성원임을 깨달았습니다. 재판정에서 한 여학생은 만세운동을 한 계기를 이렇게 대답했습니다.

일본 재판관 너는 어째서 남자와 같이 독립운동을 하려고 했는가?

마리 세상 모든 일의 성공이란 모두 남녀가 공동으로 하는 데서 이루어지는 것이다. 좋은 가정은 반드시 부부가 함께 만들고 좋은 국가도 남녀의 협력으로 만들어지는 것이다.(박은식, 『한국독립운동지혈사』)

3·1운동이 일어나기에 앞서 태극기를 준비하고 독립선언서를 인쇄하여 배포하는 일에 많은 여성들이 참여했습니다. 그리고 만세운동에도 몸을 아끼지 않고 참가하거나 이끌었습니다. 여성들의 활동은 나라 밖에도 알려졌는데요, 인도의 독립운동가 네루는 『세계사 편력』에서 딸에게 이렇게 말했습니다.

3·1운동은 조선 민족이 단결하여 자유와 독립을 찾으려고 수없이 죽어가고 일본 경찰에 잡혀가서 모진 고문을 당하면서도 굴하지 않았던 숭고한 독립운동이었다. (…) 조선에서 대학을 갓 나온 젊은 여성과 소녀들이 학생 신분으로 투쟁에 참가해 중요한 역할을 했다는 것을 듣는다면 너도 틀림없이 깊은 감동을 받을 것이다.

그런데도 '민족 대표' 33인에는 여성의 자리가 없었으며, 이는 그 뒤에도 이어졌습니다. 2009년 8종의 『한국사』 교과서에서 3·1운동 관련 여성의 수록 비율은 〈표 10〉과 같습니다. 대개 5% 미만임을 확인할 수 있는데, 아예 언급조차 없는 교과서도 3종이나 됩니다.

〈표 10〉 『한국사』 교과서에 서술된 3·1운동 관련 남성과 여성 비율(단위: %)

	교학사	금성	동아	리베르	미래엔	비상교육	지학사	천재교육
남성	39	28	23	12	37	18	15	36
여성	0	1	0	0	1	1	2	2
여성 비율	0	3.45	0	0	2.6	5.3	11.8	5.4

이방원, 「고등학교 『한국사』 교과서에 서술된 '한국여성독립운동'에 대한 비판적 검토」, 2015.

조선 자매들아 단결하자

3·1운동에서 열심히 싸웠던 여성들은 그 뒤에도 다양한 형태의 운동을 벌였습니다. 어떤 이들은 교육이 중요하니 학교를 만들고 글을 가르쳐 사람들을 깨우치자고 했습니다. 어떤 이들은 노동자, 농민들과 함께 생활하면서 그들과 함께 일제와 싸워야 한다고 했습니다. 총을 들고 싸워야 한다고 생각하는 이들도 있었지요. 이렇게 서로 다른 생각을 가진 사람들이 모여 일본과 싸워보자는 뜻으로 모이게 되었습니다.

조선여성운동은 세계 사정 및 조선 사정에 의하여 또 조선 여성의 성숙 정도에 의하여 바야흐로 한 중대한 계단으로 진전하였다. 부분부분으로 분산되었던 운동이 전선적 협동 전선으로 조직된다. 여성의 각층에 공동되는 당면의 운동 목표가 발견되고 운동 방침이 결정된다. 그리하여 운동은 비로소 광범하게도 유력하게 발전할 수 있게 되었다. 이 단계에 있어서 모든 분열 정신을 극복하고 우리의 협동 전선으로 하여금 더욱 공고하게 하는 것이 조선 여성의 의무이다.

여성은 벌써 약자가 아니다.

여성 스스로 해방하는 날 세계가 해방될 것이다.

조선 자매들아 단결하자.(〈근우〉 창간호, 1929년 5월)

위 글은 1927년 5월에 조직된 '근우회' 선언문입니다. 근우회가 분산된 여성운동을 하나로 모은 '협동 전선'적 조직체라고 밝히고 있습니다. '무궁화 자매 모임'이라는 뜻의 근우회는 민족주의와 사회주의 계열 여성운동가

◀ 〈근우〉 표지(1929년 창간호)

들이 함께 모여 만든 대중조직이었습니다.

1929년 근우회가 만든 행동 강령은 봉건적 인습의 타파, 여성에 대한 모든 차별 철폐, 부인 노동자의 임금 차별 철폐, 산전 산후의 휴양, 부인 농민의 경제적 이익 옹호 따위의 요구를 담고 있습니다. 60여 개에 달하는 전국 조직을 꾸리고 여성의 권익을 구체적 강령으로 내건 근우회는 여성운동의 수준을 한 단계 끌어올렸습니다.

근우회는 지방 조직의 정비와 더불어 선전·계몽 활동에도 노력했습니다. 본부 간부들은 지방을 돌아다니며 강연회를 열었고, 기관지 〈근우〉를 발간했습니다. 각 지회에서는 야학을 세우고 운동가 양성을 위한 '부인 강좌'를 개설했지요. 또한 여성 노동자와 농민 여성을 조직하기 위한 노농부를 설치하기도 했습니다.

근우회는 여학생 운동 지원 활동에도 적극적으로 개입했습니다. 근우회가 여학생 운동을 지원한 대표적인 사례는 1930년 1월에 광주학생운동을 지원해 벌인 서울 여학생 시위입니다. 이 시위로 구속된 학생이 380명이었는데 그중에 여학생이 100여 명이었습니다. 서울 학생 시위는 경성여자미술학교, 경성실천여학교, 경성여자상업학교, 근화여학교, 동덕여고보, 배화여고보, 숙명여고보, 이화여고보, 태화여학교 등 여러 학교로 이어졌고, 여학생들은 근우회의 지도 아래 일제히 궐기했습니다.

그러나 이 시위로 정종명, 허정숙, 정칠성 등 근우회 핵심 인물들이 검거되었고 일제의 탄압도 한층 심해졌습니다. 근우회는 계몽운동 중심으로 바꾸고 일반 여성들이 참여할 수 있었던 하부 조직을 규약에서 삭제했습니다. 그 뒤 대중 기반이 약해진 근우회는 해체 논의가 일어나면서 활동이 흐지부지되었습니다.

근우회가 조직되기 이전에도 많은 여성 단체가 있었지만 근우회는 이 단체들과는 달랐습니다. 근우회의 대표적인 특징은 다음과 같습니다. 첫째는 앞에서 말한 것처럼 서로 다른 생각을 가진 여성들이 함께 모여 만든 조직입니다. 이렇게 다른 생각을 가진 이들이 함께 모이기는 쉽지 않지요. 둘째는 서울뿐만이 아니라 전국 곳곳에 조직이 만들어졌습니다. 셋째는 조선의 독립뿐 아니라 여성의 권리도 내세우고 있습니다. 선언문에서 "여성은 벌써 약한 자가 아니다. 여성 스스로 해방하는 날 세계가 해방될 것이다. 조선 자매들아 단결하자"라고 한 것처럼 말입니다.

여성들, 거리로 쏟아져 나오다

해방이 되자 여성들도 거리로 쏟아져 나와 자신들의 주장을 담은 단체를 만들었습니다. 가장 먼저 조직된 단체는 1945년 8월 17일 결성된 건국부녀동맹입니다. 건국부녀동맹은 같은 해 12월 조선부녀총동맹으로 바뀌었습니다. 이 단체는 이렇게 말했습니다.

우리는 해방된 조선의 여성 주인공들이다. 이제부터 조선의 건설과 발전은 우리들 자신의 힘과 열성에 달려 있다. 다시 찾은 우리의 국토 위에 세계에서 가장 민주적인 나라를 세울 의무와 권리를 우리는 가지고 있다.

부녀의 특수한 모든 문제의 해결은 전 민족적 절대 해방을 기초하며 또 부녀 문제의 특수한 해결 없이 전 민족의 해방은 이루어질 수 없다.

여성도 해방된 나라를 세우는 데 앞장서야 한다고 주장하고 있습니다. 민주주의가 실현되는 나라를 세우는 데 어떤 것이 필요하다고 했을까요? 그들의 주장을 들어볼까요?

◀ 여성의 벗을 자처한 〈여성공론〉 표지
(1946년 창간호)

정치에서는 남성과 여성이 평등한 선거권과 피선거권을 가져야 하고, 언론·출판·집회의 자유를 실천 과제로 요구했습니다. 경제에서는 남녀의 임금 차별을 없애고, 일하는 부인들은 출산 앞뒤로 1개월간 쉴 수 있도록 하고, 탁아소나 공동 식당 같은 사회시설을 만들 것을 요구했습니다. 사회에서는 일부일처제를 확립하고, 교육에서는 남녀 차별을 없애자고 주장했습니다.

이들은 모든 부분에서 남녀평등을 주장했습니다. 또 앞으로 세워질 국가는 자신들이 주장한 문제를 해결해야 한다고 했습니다.

건국부녀동맹에 참여했던 일부 여성들은 한국애국부인회를 만들었습니다. 이 단체는 1946년 4월에 독립촉성부인단과 합쳐 독립촉성애국부인회로 거듭났습니다. 이 단체가 발표한 결의문은 아래와 같습니다.

1. 좌우 남북이 통일된 자유 정부 국가의 수립에 우리 여성은 (…) 적극 협력하려 한다.
2. 우리 여성은 총단결하여 국산품을 애용하고 생산에 적극 협력하여 조국 경제 건설에 공헌하고자 한다.
3. 근로, 질서, 간편, 청소의 신생활을 전개하여 건설 국민의 문화 향상을 도모하려 한다.

앞에서 본 건국부녀동맹의 요구와 조금 다르네요. 이 단체는 일상생활에서 여성들에게 필요한 것을 구체적으로 제시하지 않았습니다. 대신에 가정의 굴레에서 벗어나 여성도 새로운 나라를 세우는 데 큰 역할을 담당해야 한다고 주장했습니다. 그리고 제1대 국회의원 선거에 여성이 참가할 것을 선전했습니다. 여성들이 나라의 큰일에 참가해야만 자신들의 권리를 찾을 수 있다고 했지요. 또 여성의 능력을 계발시켜 여성의 지위를 높이자고도 했습니다.

그러면 여성해방과 여성운동에 대해 어떻게 생각하는지 그때 활동했던 여성들의 이야기를 들어볼까요?

먼저 조선부녀총동맹 위원장 유영준을 소개하겠습니다. 유영준은 평양에서 태어났고, 정신여학교를 나와 중국의 베이징 여학교를 졸업한 뒤 일본에서 의학 공부를 했답니다. 그 뒤 국내로 돌아와서 근우회에 참가했고, 소비조합운동을 벌였으며 경성여자의학전문학교 설립에 힘썼습니다. 유영준은 연설을 잘하기로 소문이 났습니다.

독립촉성애국부인회 회장 박승호를 소개하겠습니다. 박승호는 미 군정기 입법의원으로 활동했으며, 대한민국이 세워진 뒤에는 부녀국 부녀국장 자리를 맡았습니다.

먼저 여성해방 또는 남녀평등이란 무엇인지 들어보겠습니다.

유영준 '해방'이란 말을 사전에서 찾아보면 '구속이나 억압을 풀어 자유롭게 하다'라는 뜻입니다. 여성해방은 여성에게 가해진 온갖 구속이나 억압을 풀어버리는 것이지요. 그런데 우리나라에서 여성해방이란 무엇을 뜻할까요?

우리는 겨우 일제로부터 해방이 되었습니다. 조선의 완전 해방은 여성의 완전 해방 없이는 불가능합니다. 여성해방은 어떻게 해야 하는가요? 여성의 무기인 단결로써 일제의 흔적을 없애고 여성을 구속하는 관습을 생활에서 철저하게 없애야 합니다.

박승호 나도 비슷하게 생각합니다만, 여자는 여자입니다. 남녀평등이란 능력에 따른 평등을 말하는 것이지 여성이 남성의 흉내를 내어 가정에 대한 의무까지 버려도 좋다는 그런 경박한 남녀평등은 아닙니다. 여성이 운명적으로 맡은 일인 가정을 버릴 수는 없습니다. 현모양처는 영원히 변하지 않는 여성의 기본 도덕일 것입니다.

이제 주제를 바꿔서 여성과 일에 대한 의견을 들어보겠습니다. 여성들이 어떤 일을 할 수 있는지 두 분의 의견을 듣겠습니다.

박승호 내가 먼저 말하지요. 오늘날 여성들은 가정 밖에서 일터를 구해야 합니다. 앞으로 유망 직종은 이렇습니다. 힘을 들이지 않고 반복하는 노동인 타자원, 교환수, 방직 공장이나 의류 제조 공장의 여공 따위가 있고, 봉사와 사랑 그리고 평화로 돌볼 수 있는 산파, 미용사, 간호사, 보모, 여배우도 여성에게 어울리는 직업입니다. 또 이전에는 남성들이 많았지만 이제 여성들이 새롭게 진출할 수 있는 분야로 교사, 의사, 약제사, 사무원, 점원도 좋을 듯합니다. 그러나 뭐니 뭐니 해도 여성들에게 가장 큰 일터는 가정이니, 아무래도 집안일이 우선이겠지요.

유영준 박승호 님의 생각이 틀린 것은 아닙니다. 그렇지만 여성의 일과 남성의 일이 따로 있다고 생각하지는 않습니다. 여성해방이 남성을 반대하자는 말이 아닙니다. 민주주의 국가를 남성과 여성이 함께 만들어가듯 모두의 행복을 위해 남성이든 여성이든 다 같이 노력해야 할 것입니다. 남성과 여성이 함께 나아갈 수 있는 조건을 만드는 일이 가장 중요하다고 생각합니다.

일상의 '당연함'을 거부하기

한국 사회에서 민주화운동은 남녀 구분 없이 모두가 참가했는데도 여성을 차별하는 태도는 그다지 바뀌지 않았습니다. 어떤 일을 하든지 함께 고민하고 일했는데 언제나 전체를 책임지는 자리는 남성이 차지하고 여성은 그런 남성을 도와주는 자리를 맡았지요. 반장은 남성, 부반장은 여성. 전교어린이회장은 남성, 부회장은 여성. 교장선생님은 남성, 교감선생님은 남성 또는 여성. 민주화운동 단체도 대표는 대개 남성. 여성들은 '왜 그래야 하지?' 하며 불만스러웠습니다. 민주주의 사회라면 당연히 남성과 여성을 차별하면 안 되는데 말입니다.

이런 생각을 한 여성들이 자기 목소리를 냈기 시작했습니다. 대학에서는 여학생회가 만들어져 자신들의 생각을 담은 잡지를 발간했고, 사회에서는 다양한 여성 단체가 나타났습니다.

여성평우회(1983)는 "여성의 진보 없이 사회변혁은 불가능하다"고 주장했습니다. 이 단체는 해체되기까지 가정폭력 문제를 제기했고 성차별을 없애기 위한 문화운동을 주도했습니다. 여성민우회(1987)는 직장에서 벌어지는 성차별과 여성에 대한 부당한 대우를 시정할 것을 주장했고, 환경운동과 성차별 없는 미디어 운동을 전개했습니다.

여성의전화(1983)는 성폭력을 당하거나 남편에게 매 맞는 여성을 보호하고 도와주는 운동을 했습니다. 부부싸움은 누구도 간섭해서는 안 된다는 생각 때문에 폭력을 당한 아내들은 호소할 곳이 없었는데, 이 단체는 가정에서 일어나는 폭력 문제를 함께 고민하고 해결하고자 노력했습니다. 이 밖에도 한국여성노동자회(1987), 한국성폭력상담소(1991) 등의 단체가 조직되어 활발한 활동을 펼쳤습니다.

1987년에 새로운 여성 단체 연합체인 한국여성단체연합이 결성되었습니다. 이 단체는 '민족·민중과 함께하는 여성운동의 방향에서 여성운동 세력 간의 조직적 연대를 이루어나가며 사회의 민주화, 자주화, 여성해방의 쟁취를 위해 노력함을 목적'으로 했습니다.

여성운동은 '사회문제가 해결되어야 여성문제도 해결될 수 있다'는 오랜 담론을 공유하면서도, 처음으로 사회운동과는 분리된 자율적인 여성운동을 내세웠습니다. 한국 여성운동은 '함께 그리고 따로'를 드러내면서 시민·사회운동과 때로는 연대하고 때로는 비판하는 관계를 유지했습니다.

여성 단체는 여성 관련 법의 제정과 개정에도 큰 영향력을 행사했습니다. 1989년 남녀고용평등법, 1989년 가족법 개정, 1991년 영유아보육법, 1993년 성폭력특별법, 1995년 여성발전기본법, 1996년 가정폭력방지법,

2000년 남녀차별금지법 및 구제에 관한 법, 2004년 성매매방지법, 2005년 호주제 폐지 따위를 이루어냈지요. 오늘날에는 인터넷을 이용한 다양한 여성 단체가 등장하면서 일상에서 당연하게 벌어지는 차별을 거부했던 수많은 여성들의 의지가 현실을 조금씩 바꾸기 시작했습니다.

책상 닦기 거부

사무직 여성은 1980년대 들어 수가 빠르게 늘어났습니다. 사무직 노동은 고등학교를 졸업한 여성들이 가장 하고 싶은 일이었습니다. 사무직 여성 노동자가 주로 하는 일은 타자, 문서 정리, 고객 안내 따위였습니다. 여기에 더하여 사무실 청소, 커피 타기, 담배 심부름 같은 일도 함께 했습니다. 집에서 밥하고 빨래하고 남편 시중을 드는 것처럼 사무실에서는 차 대접이나 심부름이 여성에게 어울리는 일로 여겨졌던 것이지요.

지금도 여성들이 커피를 타거나 책상 닦는 일 따위를 하기는 하지만 이제는 부당하다고 생각하는 사람도 많아졌고, 아예 그런 일을 하지 않는 직장도 많습니다. 이런 흐름은 어느 날 갑자기 이루어진 것은 아닙니다. 사무직 여성 노동자들의 눈물겨운 싸움이 있었지요.

우리 회사 역시 아무리 여직원이 많았어도 남자 사원보다 10~20분씩 먼저 나와 책상 닦고 물컵 씻는 일은 똑같았다. 그러나 3년 전부터 이런 말들이 나오기 시작했다. 책상 닦기 거부 운동을 벌이자고. 한 부서의 부장은 "여직원들이 해야 할 일이 아니냐. 집에서 안 할 텐데 여기서라도 신부 수업을 해야지" 하는 게 아닌가. (우리도) 이에 지지 않고 "한번 투표라도 해보십시오. 왜 싫은 일을 시키십니까?" 하고 항의하자 부장은 마침내 항복했다.(한국여성 민우회, 『사무직 여성의 현실과 운동』, 1989)

사무직 여성 노동자들은 작은 일들을 힘겹게 바꾸었습니다. 그리고 서서히 자신들의 자리와 일을 찾았습니다.

결혼퇴직제 거부

예전에는 여성이 회사에 취직할 때 결혼하면 회사를 그만둔다는 '결혼퇴직 각서'를 쓰는 곳이 많았습니다. 그때 은행에 다니던 한 여성이 그 '당연하고 어쩔 수 없는 일'에 도전장을 냈습니다. 결혼을 하려는데 은행에서 사표를 내라고 한 것입니다. 그런데 그녀는 직장을 그만두고 싶은 마음이 없어서 거부했습니다.

이 사건은 곧 여성 단체에 알려졌고, 여성 단체가 나서서 결혼퇴직제를 없애라고 요구했습니다. 이어서 은행에 다니던 다른 여성들이 결혼한 다음에도 계속 직장에 다니겠다고 선언하고 나섰습니다. 결국 1976년 여성 은행원 결혼퇴직제는 공식적으로 없어졌답니다.

은행에서 시작된 결혼퇴직제 폐지는 곧 다른 직장으로 퍼져나갔습니다. 이제는 어느 회사든 여성 직원이 결혼을 한다고 덮어놓고 내쫓을 수 없게 되면서 결혼한 뒤에도 직장에 다니는 여성들이 많아졌습니다.

차별 정년 거부

결혼퇴직제가 폐지되자 여성도 한 직장에서 오랫동안 일할 수 있었습니다. 그리고 오랫동안 일한 여성들은 승진이나 정년에서 여성이 차별받고 있다고 말하기 시작했습니다. 1983년 한국전력통신공사에서 22년간 전화교환원으로 일한 김영희는 여성에게만 적용되는 차별 정년을 없애라고 요구했습니다. 회사에서 43세가 되면 정년퇴직하라고 하자 그녀는 "남성은 55세가 정년인데 왜 나는 43세냐?"며 거부했습니다. 결국 여성에게만 적용되는 차별을 법에 호소했지요. 1심 기각, 2심 원고 패소 판결 뒤 1989년 4월 대법원은 원고 승소 판결을 내렸습니다.

김영희가 이길 수 있었던 것은 여성 차별 정년을 문제 삼는 많은 여성들의 도움이 있었기 때문입니다. 차별이 없어지지 않는 세상이라면 이렇게 일상을 변화시키는 수많은 활동은 앞으로도 계속 이어질 것입니다.

노동

여성들은 단 한 번도
쉬지 않았다

여성들의 새로운 일자리

노동은 인류를 유지시킨 중요한 삶의 동기이자 고리입니다. 여성은 단 한 번도 노동의 역사에서 벗어난 때가 없었고 지금의 역사를 일구어왔습니다. 여기에서는 개항 뒤 사회가 바뀌면서 새로 생긴 일자리를 중심으로 살펴보겠습니다. 우선 다른 나라와 교류를 하면서 항구에서 일하는 부두 노동자가 생겼고, 공사장에는 날품팔이 노동자가 늘어났습니다. 실이나 옷감 또는 고무신을 만드는 공장이 생기면서 사람들은 이곳에서도 일하기 시작했습니다. 조선시대 상업의 중심은 종로였는데 일본인들은 명동을 중심으로 극장이나 백화점, 카페 따위를 열었습니다. 상점이 늘어나면서 이곳에서 일하는 여성들도 있었고, 카페나 극장에도 여성의 일자리가 생겼습니다. 그리고 교육을 받은 여성들은 교사, 의사, 기자 같은 전문직에 진출하기도 했지요. 그때에 여성들은 어떤 일을 했을까요?

식모살이와 가사노동

가난한 여성들이 쉽게 찾을 수 있는 일은 식모살이였습니다. '행랑어멈' 또는 '안잠자기'라 불린 식모살이가 여성의 직업으로 여겨진 때는 1920년대입니다. 일본인의 조선 이주가 늘어나면서 세계적 공황에도 불구하고 '조선어멈'이라 불린 가사노동자 취업이 늘었습니다. 그리고 한국전쟁을 거치면서 전쟁 통에 부모를 잃은 가난한 집안의 딸들이나 전쟁고아들이 먹고살기 위해 식모살이에 나섰습니다. 이들의 노동은 일정한 시간이 정해져 있지 않은 채 하루 종일 온 집안 구석구석을 헤매는 힘겨운 일이었습니다. 밥하기,

◀ 물동이를 인 소녀들

반찬 만들기, 빨래, 다듬이질, 다림질, 바느질, 물 긷기, 장 보기, 방 치우기 따위로 쉴 새 없이 이어졌지요.

한국전쟁과 함께 급격하게 증가했던 '식모'는 1960년대 말 이후 줄어들고 대신 '파출부'로 불리는 가사노동자가 늘었습니다. 이는 전쟁고아의 수가 줄어든 데다가 농촌을 떠난 소녀들이 식모보다는 공장노동자로 진출했기 때문입니다. 그리고 정부와 여성 단체는 과부나 가정주부를 위한 취업 정책의 하나로 시간제 가사노동자를 양성하는 정책을 펼쳤습니다. 노동시장에서 식모살이의 수요는 많았던 데 비해 공급은 부족했으므로 그 대안으로 농촌 출신 미혼 여성을 대신해 기혼 여성 노동의 시장 유입이 이루어졌습니다.

도시의 주거 환경과 가족구조의 변화는 식모보다는 시간제 가사노동자에 대한 수요를 증가시켰습니다. 아파트는 주거 환경을 서구식으로 변화시켰을 뿐만 아니라 시간제 가사노동자의 고용을 증가시켰습니다. 또한 핵가족화된 가족구조에서 동거 생활을 하는 식모보다는 출퇴근하는 가사노동자가 주부들에게 좀 더 편한 형태로 받아들여졌습니다. 그리고 가정용 전자제품의 생산으로 주부의 노동, 특히 식생활과 관련된 노동이 줄어들었습니다. 1982년 '파출부 실태 조사'에서 조사 대상자의 93%가 부엌일보다는 주로 청소, 빨래 따위의 일을 한다고 대답했습니다.

이렇게 산업구조와 가족구조, 주거의 변화는 식모보다는 시간제 가사노동자에 대한 수요와 공급을 증대시켰습니다. 그러나 시간제 가사노동에 종사하는 여성들의 대우는 변하지 않았습니다. 짧은 시간에 필요한 집안일을 하는 '시간제 노동'의 특성상 노동의 강도가 임금에 비해 높고, 인간적인 모멸감을 받는 경우가 많았습니다.

재산도 없고 도움을 받을 만한 친척도 없던 여성들 가운데 자식이 딸린 여성들은 가내노동인 삯바느질, 삯빨래 따위의 일에 종사했습니다. 이 직업은 통계에도 전혀 나타나지 않아 실태를 분명하게 알 수 없지만 삯바느질로 자식들을 공부시킨 어머니의 성공 사례는 1960년대와 1970년대에 한국 사회에서 흔히 듣던 이야기입니다. 특히 삯바느질은 행상이나 노점과 다르게 주로 집에서 일한다는 점에서 많은 여성들이 그나마 나은 일로 삼았습니다.

그러나 삯바느질, 삯빨래 따위의 가내노동이 가장의 수입에 버금가는 소득으로 가정경제를 안정시켰음에도 정규노동으로 간주되지 않고 '소일거리' 또는 '보조적인 소득'으로 여겨졌습니다. 이는 가사노동을 가치 없는 노동으로 취급하는 경향과 관련돼 있습니다.

인간의 생명을 유지하고 생활을 위해서 가정 안에서 수행하는 일을 가사노동이라고 합니다. 가사노동은 먹고 입고 쓰는 데 드는 노동과 집안의 크고 작은 일들을 처리하는 일로 나눌 수 있습니다. 가사노동은 재생산 노동이지만 그 가치를 인정받지 못했습니다. 이는 여성은 단지 남성이 벌어오는 돈으로 집안을 돌보는 사람이라고 여겼기 때문입니다. 그리고 어려운 일이라고 여기지도 않았습니다. 이것이 가사노동에 대한 오해입니다.

가사노동은 대개 혼자서 하고, 반복해서 하는 일입니다. 이 일은 여성이 하거나 남성이 하거나 간에 지루하고 힘든 일입니다. 2000년 통계청 조사 결과에 따르면, 주부의 하루 평균 가사노동 시간은 평일 5.48시간, 토요일 5.37시간, 일요일 4.54시간으로 나타났습니다. 한국여성개발원의 조사에 따르면, 기혼 여성의 97%가 자신이 가사노동의 주요 책임자라고 대답했습니다. 이는 취업과는 별로 상관이 없이 가사노동을 주로 책임지는 사람이 여성임을 알 수 있습니다.

상업과 서비스업

1920년대 등장한 새로운 여성 직업들

문호가 개방되자 여성만을 채용하는 직업이 생겼습니다. 전화교환수, 티켓 판매원, 백화점 점원, 카페 종사자 따위였지요.

1902년 3월 전화가 개통되면서 여성 전화교환수가 등장했습니다. 그리고 1920년 4월 경성우편국이 처음으로 일어가 능숙한 조선인 여성 교환수를 모집하기 시작했습니다. 이들은 15~18세의 여성들로, 가장 바쁜 시간은 오전 11시부터 오후 2시까지였다고 합니다.

극장이 생기면서 극장에서 표를 파는 '티켓 걸'과 승강기를 조작하는 '엘리베이터 걸'이라는 일도 생겼습니다. 카페나 다방에서도 여성들이 일했습니다. 커피와 차, 식사를 제공하는 유럽의 카페와는 달리 일본에서는 술도 팔았는데, 이런 일본식 카페 문화가 고스란히 흘러들어왔습니다. 또한 개인 전람회를 열기도 했고, 영화 시사회나 책 출판 기념식을 치르기도 했습니

▲ 전화교환소

◀ 새로운 여성 직업(〈여성〉 1938년 10월호)

다. 그때의 카페나 다방은 단순히 차를 마시거나 음식을 먹는 장소만이 아
니라 새로운 문화를 접할 수 있는 장소이기도 했습니다. 이곳에서 일하는
여성을 '카페 걸'이라고도 하고 '여자 급사'를 줄여 '여급'이라고도 불렀는
데, 이들은 사람들에게 새로운 문물을 전달하는 존재로 비쳤습니다.

여러 물건을 한곳에 모아놓고 파는 백화점은 사람들의 호기심을 자극하는 장소였습니다. 백화점에는 이전에는 구경하지 못했던 넥타이, 음료수, 안경, 전축, 원피스, 모자 따위의 물건을 팔았고 그곳에서 일하는 여성들은 한결같이 미소로 손님들을 맞이했습니다. 백화점에서 일하는 여성들은 대개 15~25세로, 보통학교 또는 그보다 상급 학교를 졸업한 여성들이었습니다. 그러다 보니 결혼 상대를 찾는 청년들이 백화점을 수시로 드나들었고, 이들 사이에 얽힌 연애 이야기가 심심치 않게 잡지에 실리곤 했답니다.

그러나 이들의 일은 꽤 힘들고 임금도 다른 직업보다 높지 않았습니다. 백화점에서 일하는 한 여성은 고달픈 노동에 대해 "아침 9시부터 밤 11시 넘을 때까지 나는 10여 시간을 서 있다. 가지각색 사람들에게 애교 웃음으로 서비스를 한다. 화장실 갈 틈조차 빼앗기고 서 있어야 한다. 나는 장식장에 진열해놓은 상품과 같다"라고 말했습니다.

카페 걸, 티켓 걸, 가이드 걸로 불렸던 여성들은 새로운 일을 한다고 해서 처음에 사람들의 관심을 끌었습니다. 하지만 자신의 감정을 숨기고 언제나 사람들을 미소로 대해야 하는 것이 결코 쉬운 일은 아니었습니다.

1961년부터 버스안내원은 여성으로

사람들이 도시로 몰려들면서 버스는 중요한 대중교통 수단이었습니다. 버스를 타기 위해 정류장마다 기다리는 사람들로 북새통을 이루었고, 출퇴근 시간 버스 안은 발 디딜 틈조차 없었지요. 이런 상황을 정리해 사람들을 버스 안으로 밀어넣고, 출발과 정지를 알리고, 요금을 받는 일을 버스안내원이 도맡아 했답니다. 처음에 버스안내원은 대개 남성이었다가 1961년

8월에 여성으로 바뀌었습니다. 정부는 버스안내원을 여성으로 바꾼 이유를 '선진국에서도 여객 안내는 서비스업이므로 모두 여성이 담당하고 있다', '거친 남자보다는 상냥하고 친절한 여성에게 승객을 안내하도록 하여 명랑한 시민교통을 이룩할 수 있다'고 강조했습니다.

하지만 버스안내원을 여성으로 바꾼 것은 '상냥하고 친절함'이 요구되는 서비스업이나 단순 작업에는 여성이, 숙련과 강한 힘이 필요한 작업에는 남성이 알맞다는 논리가 적용되었기 때문입니다. 성에 따라 역할이 달라야 한다는 논리로 여성과 남성이 해야 할 일을 구분했던 것이지요.

버스안내원이 여성으로 바뀌면서 용어도 버스안내양으로 바뀌었습니다. 지금도 많은 사람들은 버스안내양으로 기억하고 있습니다. 버스안내양은 대체로 초등학교를 나온 평균 18세 이하의 여성들로, 초기에는 직업소개소의 소개로 간단한 면접을 보고 안내양이 되었지만 나중에는 양성소에서 수업료를 내고 견습 기간을 마친 뒤 일을 했습니다.

이들은 새벽 5시부터 밤 11시까지 하루 18시간 이상의 노동을 하고서도 잠자리에 들기 전에는 차량을 닦아야 하는 등 고된 노동에 시달렸습니다. 그러나 버스안내양들이 가장 견디기 힘든 것은 장시간 노동, 저임금, 시간 외 노동보다 몸수색이었습니다.

지나친 몸수색에 반발해 버스안내양들은 기숙사를 집단 탈출하여 버스 운행을 지연시키거나 시청 앞에서 농성을 하기도 했고, 노동청에 몰려가 항의도 하고 파업을 일으키기도 했습니다. 1985년 버스자율제가 시행되면서 버스안내양은 사라졌습니다.

시장은 여성들 세상

일제 시기까지만 해도 상설 시장의 상인뿐만 아니라 행상까지도 대개 남성이었습니다. 물장수, 나무장수, 젓갈장수, 소금장수, 생선장수 들이 등짐을 지거나 지게에 물건을 싣고 전국 곳곳으로 돌아다녔지요. 이들을 일컬어 흔히 '등짐장수' 또는 '보부상'이라고 불렀는데, 1945년 무렵까지 수장이나 반장의 통솔 아래 10~20명이 떼를 지어 물건을 팔러 다녔습니다. 일제의 만주 침략 뒤 많은 남성들이 징병과 징용으로 끌려간 뒤에는 일부 여성

◀ 큰 봇짐을 머리에 인 모습

▲ 좌판를 펼쳐놓고 장사하는 여성들

들이 남성을 대신하여 행상이나 소규모 자영업을 시작했습니다.

여성들이 본격적으로 상설 시장, 노점, 행상으로 나선 것은 한국전쟁 뒤부터였습니다. 야채나 생선을 담은 광주리를 머리에 인 행상에서부터 다방, 양품점, 화장품 가게를 비롯한 상설 시장까지 '여자들의 판국'이라 불릴 만큼 많은 여성들이 장사에 나섰습니다. 여성들이 노점이나 행상을 한 것은 이러한 업종이 특별한 기술도 필요하지 않고 약간의 자금만 있으면 시작할 수 있었기 때문입니다.

거의 모든 계층의 여성들이 장삿길에 나섰는데 특히 '전쟁미망인'들이 가장 적극적이었습니다. 전쟁으로 생계 터전을 잃은 사람들은 도시로 모여들어 서울의 동대문시장과 남대문시장에서 장사를 하거나 시장 사람들을 상대로 음식업을 했습니다. 밀가루를 원료로 하는 만두, 찐빵, 국수, 칼국수,

〈표 11〉 상업에서의 남녀 인원수(단위: 명)

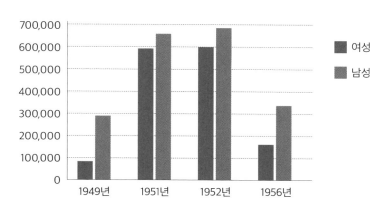

이임하, 『여성, 전쟁을 넘어 일어서다』, 2004.

〈표 12〉 여성 취업자 산업별 구성 비율(단위: %)

연도	1차	2차	3차
1963년	68.7	6.9	24.4
1970년	57.3	12.2	30.6
1980년	39.0	22.3	38.7
1990년	20.3	28.2	51.5
2000년	12.2	17.5	70.3
2010년	6.9	12.5	80.6

통계청, 『통계로 본 광복 70년』, 2015.

수제비 따위의 음식이 이때부터 대중화되었지요.

〈표 11〉을 보면 1949년 8만 명에 불과했던 여성 상업 종사자는 1951년 59만 명으로 늘어나 남성과 비슷합니다. 이 숫자는 1956년에 급격히 줄어들기는 하지만 그 뒤에도 많은 여성들이 상업에 종사했습니다. 1966년 인구센서스 보고에 따르면, 여성 상인은 전체 상인의 31.6%인 26만 명가량이었습니다. 장삿길에 나선 여성들은 때로는 가장이 되어 가족의 생계를 책임지고, 자식들을 교육시키면서 당당하게 사회생활을 꾸려나갔습니다.

1990년대 이후 제조업을 기반으로 한 경제구조가 서비스와 정보 부문을 기반으로 한 경제로 이행되면서 여성의 취업 구조도 크게 바뀌었습니다. 여성 취업자의 산업별 구성 비율을 보면 1차 산업은 급격히 감소하고 3차 산업에 속하는 사회 간접 부문 및 서비스업 부문은 1990년 51.5%, 2000년 70.3%, 2010년 80.6%로 빠르게 증가했습니다.

공장노동자

우리나라에 처음 출현한 공장노동자는 1900년 12월 전환국에서 모집한 지폐를 만드는 여성 노동자였습니다. 그리고 이듬해 한성제직회사에서 여성 노동자를 모집하는 광고를 냈습니다. 1920년대 들어 일제가 산미 증산 계획과 회사령 철폐 정책을 통해 일본 자본을 식민지 조선에 진출시키면서 공장이 생겨나자 공장노동자들이 등장했습니다.

공장노동자 가운데 여성의 비율은 1922년 21%, 1930년 34%, 1935년 33%, 1940년 32%로 전체 공장노동자의 3분의 1 수준이었으며 주로 방직업, 성냥 제조업, 고무화 제조업에 집중되었습니다.

대개 20세 전후의 여성인 공장노동자가 받는 임금은 노동조건만큼이나

▲ 담배 공장에서 일하는 모습　　▲ 의류 공장에서 일하는 모습

열악했습니다. 여성 노동자는 일본인 노동자나 조선인 남성 노동자에 비해 턱없이 적은 임금을 받고 일했습니다. 여성 노동자들은 다양한 방법으로 이에 맞섰습니다. 가장 대표적인 방법이 파업이었지요. 일제 시기 내내 모든 공장에서 빈번하게 파업이 일어났습니다.

1923년 광화문 근처의 고무 공장 여성 노동자들이 일으킨 파업은 우리 노동 역사에서 유명한 사건입니다. 100여 명의 여성 노동자들이 다른 공장에서 일하는 노동자들과 함께 파업을 했습니다. 여성 노동자들은 임금을 내리지 말고 이전과 같이 하고, 여성에게 무리한 행동을 강요한 감독을 해고하라고 요구했습니다. 공장에서는 모두 해고하겠다고 위협했지만 여성 노동자들은 끄떡도 하지 않았습니다. 전국에서 이들을 돕기 위해 음악회를 열고 모금 활동을 했으며, 이들의 행동을 격려하는 편지가 쏟아졌습니다. 일본과 중국의 노동자들도 이들을 격려했답니다. 결국 공장 측은 여성 노동자들의 요구를 들어주었습니다. 이 파업은 여성 노동 역사에서 전국적인 관심 속에서 이루어낸 노동자 연대 투쟁이었습니다.

남북 분단과 전쟁은 기간산업의 분할과 파괴로 인한 산업의 후퇴와 노동자 수의 감소를 가져왔습니다. 그러나 경제 침체가 전체 공장노동자에서 차지하는 여성 노동자 수의 감소를 의미하지는 않습니다. 한국전쟁 뒤 방직업, 제분업, 제당업, 고무공업, 연초공업 등을 중심으로 산업이 복구되었는데, 이러한 산업의 주축을 이루는 노동자는 여성들이었습니다.

그러나 여성 노동자가 증가했는데도 그들의 노동환경과 저임금은 개선되지 않았습니다. 전체 노동자의 70% 이상이 여성이었던 방직 공장은 먼지와 습기로 가득 차 있고 환기 시설은 불량이었으며 열 또는 냉기로 숨쉬기조차 어려웠답니다. 그러니 폐결핵이나 호흡기병, 눈병 따위의 질병을 앓는 여성 노동자가 많을 수밖에 없었지요.

여성 노동자들은 대체로 유동적이고 불안정한 사업장에 고용되었는데, 여성 노동자들의 불안정한 고용구조는 보건위생 시설을 비롯한 작업환경의 악화로 나타났으며 저임금의 원인이 되었습니다. 1957년 보건사회부 노동국의 조사에 따르면 여성 평균임금은 남성 평균임금의 57%에 불과했습니다. 그럼에도 많은 여성들이 남자 형제를 공부시키고 가족의 생계를 책임지기 위해 열악한 노동조건과 낮은 임금을 감수하면서 공장노동자로 나섰습니다.

박정희 정권이 추진한 경제개발계획은 여성들의 노동시장에 변화를 가져왔습니다. 무엇보다도 수출을 위한 경공업 중심의 산업화, 곧 섬유, 가발, 전자, 신발 등의 산업은 높은 기술보다는 부지런하고 고분고분하면서도 값싼 노동력을 요구했습니다. 10대 후반에서 20대의 젊은 여성이 가장 적합한 노동력으로 주목받았지요.

1963년 전체 고용 인구의 8%에 불과하던 제조업 노동자의 비율은 1979년 23%, 300만 명 이상으로 늘었습니다. 이들 가운데 여성 노동자의 비율은 1970년 33%, 1974년 36%, 1976년 38%, 1979년 34%에 달했습니다. 그러나 제조업 여성 노동자의 임금은 1963년 남성 노동자의 39~46%, 1977년 46%에 불과했습니다.

이렇게 장시간 일하고 낮은 임금을 받는 여성 노동자들을 가리켜 국가는

'근대화의 기수'라고 불렀습니다. 반면에 그 뒤편에서 그녀들을 부르는 이름은 희망 없는 존재라는 의미의 '공순이'였습니다.

그러나 그 상처 속에서 자각하는 여성 노동자들이 등장했지요. 착취받는 현실과 노동의 힘겨움 속에서 미래의 희망을 만들고 자신들의 권리를 찾기 위한 투쟁이 싹트기 시작했답니다. 1970년대 한국 노동운동의 역사는 여성 노동자들의 자각과 투쟁에서 시작되었습니다.

청계피복, 동일방직, 원풍모방, 반도상사, YH무역 등 여성 노동자들은 근로시간 단축, 강제 잔업 철폐, 작업환경 개선, 폭행 금지, 인권 침해 반대 따위의 노동조건 개선과 동일 임금, 생리휴가, 결혼 퇴직 철폐, 산전 산후 휴가의 정착, 수유 시간 확보 등을 요구했습니다. 동일방직 여성 노동자들은 파업 농성, 나체 시위, 단식 농성으로 저항했으며, 원풍모방 여성 노동자들도 명동성당에서의 농성으로 대항했습니다. 반도상사는 40일 동안 낮에는 작업하고 야간에 시위와 농성을 했고, YH무역은 회사 측의 부당 폐업에 신민당사 점거 농성으로 맞섰습니다.

이들의 파업과 투쟁은 박정희 정권을 위협할 정도였습니다. 이 모든 행동의 이면에는 아직 미약하지만 '공순이'에서 '여성 노동자'로 우뚝 서려는 여성 노동자들의 자각이 있었습니다. 여성 노동자들은 이제 애써 숨기려 했던 자신들의 존재를 서서히 드러내면서 개개인의 노동이 어떻게 사회를 이끌어가는지 굳센 목소리로 말하기 시작했습니다.

전문직과 공무원

교육을 받은 여성 가운데 전문직을 할 수 있는 길은 의사, 교사, 기자 따위의 일입니다. 우리나라에서 여성 의사를 키우기 위해 교육이 시작된 것은 1890년 외국인 선교사 홀 부인이 이화학당 졸업생 5명에게 의학을 가르치면서부터였습니다. 이때는 서양 의학을 공부했고, 의사가 되고자 하는 여성은 일본 등으로 유학을 가야만 했습니다. 1928년 경성여자의학강습소가 세워지면서 유학을 가지 않아도 의사가 되기 위한 공부를 할 수 있었고, 이곳을 졸업한 여성들은 의사 면허 시험을 거쳐 정식 의사가 되었습니다. 경성여자의학강습소는 1941년에 경성여자의학전문학교로 허가를 받았습니다.

여성 의사들이 담당했던 진료 과목은 보통 산부인과와 소아과였습니다. 여성의 출산과 아이의 건강을 보살피는 것은 전통적으로 여성의 일이라고 보았기 때문이지요. 여성 의사들은 의사가 되기까지 공부하는 과정도 힘겨웠지만 결혼한 다음에 집안일도 함께 해야 하는 어려움이 컸습니다.

의학을 공부한 여성들은 총독부에서 운영하는 병원에서 일정 기간 수련을 마친 뒤 경성이나 고향으로 돌아가 개업을 했습니다. 특히 지방에는 여의사의 수가 절대적으로 부족했기 때문에 이들은 각 지방에서 여성과 아동의 보건 향상에 중요한 역할을 담당했습니다.

교사는 고등교육을 받은 여성들이 가장 좋아하는 직업이었습니다. 교사가 될 자격을 갖춘 여성들이 많아졌고, 여성도 교육을 받아야 한다는 생각이 깊어지면서 여교사가 많이 필요했습니다. 처음에는 여학생만 가르쳤는데, 1922년 조선총독부는 "여자가 남자보다 아동의 심리 상태를 더 잘 이해하며 친절한 자태와 성질이 풍부하므로 자연히 어린 아동에 대한 교육과 지도에 여자 교원이 낫다"며 남자보통학교에서도 여교사를 채용하라고 지시했습니다. 사회 분위기도 교사라는 직업이 자녀를 교육시키는 가정주부의 역할과 비슷하므로 남성보다는 오히려 여성에게 알맞다고 했지요. 여학교를 졸업한 여성들은 대개 교육계에서 활동하고 싶어 했습니다. 여성이 학교에서 학생들을 가르치는 일은 큰 변화였습니다. 조선시대에는 서당에서 글을 가르치는 일은 남성들만 할 수 있었지요.

신문과 잡지 등 언론계에서 여성 기자가 등장한 때는 1920년대입니다. 여성 기자는 아주 적었지만 여성에게 열린 새로운 전문직 분야였지요. 개벽사 기자였던 송계월은 "남성들이 조직해놓은 사업 단체에 소수의 여성이 섞이어 일을 한다는 것은 곤란한 점이 많습니다"라고 어려움을 털어놓았습니다. 우리나라 최초의 여기자 최은희는 조선일보 기자로 활동했는데, 취재를 위해 때로는 기생 차림으로, 때로는 얼굴에 먹물을 바른 채 남루한 옷차림의 행랑어멈으로 변장을 했답니다.

한국전쟁 뒤 여성의 진출이 가장 두드러진 분야는 공공 분야였습니다. 문교부는 부족한 초등학교 교사를 충원하기 위해 각 시·도에 교사양성소를 세우고 16세 이상, 중학교 4년 정도의 학력을 가진 여성에게 우선권을 주었습니다. 또 체신부에서는 기술자들의 징집에 대비해 여성 기술자를 양성하는 한편 우체국의 창구 사무원을 여성으로 바꾸기 시작했습니다. 치안국 역시 징집되거나 전투 지구에 파견된 남자 경찰관의 자리를 메우기 위해 여자 경찰관을 늘렸습니다.

우리나라에 여자 경찰 제도가 도입된 때는 해방 직후인 미 군정기입니다. 1947년에 서울, 인천, 대구, 부산에 여자 경찰들만 있는 여자경찰서가 생겼습니다. 서장도 당연히 여성이었고, 경찰차를 운전하는 사람도 여성이었습니다. 여자 경찰은 대체로 여성 범죄나 청소년 범죄와 관련된 일을 다루었습니다. 정보를 수집하거나 수사를 쉽게 할 수 있도록 도와주는 역할도 했고, 교통정리나 남자 경찰관의 사무를 보조하기도 했습니다. 여성들을 계몽하고 보호하는 일도 여자 경찰의 몫이었습니다.

처음에 경찰서에 배치된 여자 경찰들은 전화를 받거나 거리에 나가 지저분한 벽보를 제거하는 일을 했다고 합니다. 한 여자 경찰관은 그때의 경험을 이렇게 표현했습니다.

여자 경찰이 되어서 처음 부임하고 남자 경찰들한테 일 못한다고 핀잔깨나 맞았어요. 서류를 꾸며 가지고 가면 남자 경찰들은 한 장 보고 쭉, 또 한 장 보고 쭉 찢고 해서 눈물이 쏟아져 나오는 것을 꾹 참고 배웠지요.

이런 경험들이 오늘날 여자 경찰의 지위를 확고하게 한 것입니다. 한때 여자 경찰이 필요없다고 폐지하려고 했지만 지금은 많은 여자 경찰이 다방면에서 활동하고 있습니다.

여자 군인이 생긴 것은 한국전쟁 때로 '대한여자의용군'이라고 불렀습니다. 1950년 8월 중순부터 모집했는데, 길거리나 신문에 광고를 내거나 학교

◀ 미 군정기 여자 경찰관 모습

에 가서 직접 모집하기도 했습니다.

여자의용군은 생각보다 여성들의 호응을 많이 받았습니다. 여자의용군 교육대에서 군사훈련을 받고 교육을 마친 여자 군인들은 군대 안에서 주로 선전·계몽 활동을 맡았고, 일반 사무나 통신 업무 분야에서도 활동했습니다.

사무직 노동자

사무직 노동은 1901년 10월 일한와사회사에서 여성 사무원을 모집하면서 시작되었습니다. 사무직 노동은 1970년대까지만 해도 중고등학교를 졸업한 여성들이 쉽게 구할 수 없는 직업이었으나 1980년대 이후 급속하게 늘었습니다. 전체 사무직 취업자 가운데 여성 비율은 1963년 11.3%에 불과하던 것이 1970년 13.4%, 1980년 32.7%, 1987년 36.9%로 증가했습니다. 1963년과 1987년을 비교해보면 서비스직과 생산직은 6~7배의 증가를 보인 데 반해 사무직은 20배 가까이 늘었습니다. 사무직의 여성화가 본격적으로 진행된 것이지요. 이는 사무 기술의 자동화와 그에 따른 사무직 노동의 탈숙련화 추세와 깊은 관련이 있습니다. 사무직의 탈숙련화로 단순 반복적 업무의 비중이 커지면서 사무직이 여성의 직무로 재편된 것입니다.

1980년대까지만 해도 사무직은 고등학교를 졸업한 여성들이 가장 선호하는 직종이었습니다. 1986년 사무직 여성의 86%가 고졸자로 사무직 여성 노동력의 주된 공급원이었습니다. 사무직 남성의 37%가 대졸자인 데 비해 사무직 여성은 5%만이 대학 졸업자입니다. 연령별 구성을 보면 1987년 사무직 남성의 74.2%가 25~44세인 데 반해 여성은 70%정도가 15~24세였습니다. 사무직 여성의 대다수가 고졸자 20대 미혼 여성인 셈입니다.

사무직 여성의 기본 업무는 속기, 타자, 문서 및 도서 정리, 사무기기 조작, 경리, 고객 안내 따위입니다. 곧 사무직은 관리직의 보조 업무를 담당하는 것으로, 이들이 관리직으로 이동하는 일도 제한되었습니다. 학력과 연령, 업무의 차이는 조직 안에서 남성과 여성의 불평등을 가져왔습니다.

이러한 조건의 차이는 노동조건과 임금의 차별로 나타나는데 1986년 노동부 조사에 의하면 동일한 고졸 학력 내에서 사무직 남녀의 임금 격차는 100 대 55이며, 이 격차는 근무 경력이 오래되어도 바뀌지 않고 오히려 심화되었습니다. 게다가 사무직 여성들은 결혼 뒤 퇴직이나 차별 정년을 강요당하기도 했습니다.

그뿐만 아니라 여성이라는 이유로 맡은 직무 외의 일을 시키는 경우도 많았습니다. 사무실 정리 정돈, 차 접대, 사소한 심부름 따위를 여성이 해야 하는 당연한 일처럼 요구했습니다. 직장에서 요구하는 여성상은 작업의 효율을 높이는 데 있는 것이 아니라 직장 안에서의 아내의 역할에 대한 기대였습니다. 이러한 구조는 사무직 여성의 작업 능률을 저하시켰을 뿐만 아니라 '핵심적인 노동자 = 직원 = 남성', '보조하는 단기적 노동자 = 여직원 = 여성'이라는 인식을 기정사실화했습니다. 사무직 여성은 개인의 특성과 무관하게 주변적 노동자로 밀려났습니다. 직원이 아닌 여직원으로서 자신에 대한 인식, 비공식적 업무를 통한 성차별의 경험은 경쟁적인 기업 조직 안에서 여성을 더욱 무력한 개인으로 좌절하게 만드는 요인이었습니다. 그러나 8강에서 이야기했던 '일상의 당연함'을 거부하는 운동이 일어나면서 조금씩 사무직 여성의 노동환경도 변했습니다.

도시 빈민과 농촌의 여성 노동

농사를 지으며 살아가기가 점점 어려워지자 농민들은 차츰 농촌을 떠나 도시로 올라왔습니다. 하지만 농촌을 떠나 도시로 몰려든 농민들을 기다린 것은 풍부한 일자리가 아니라 자기 한 몸 누일 자리도 없는 각박한 생활이었습니다.

서울의 중랑천, 청계천에는 판잣집이 세워지고 언덕배기에는 달동네가 끊임없이 만들어졌습니다. 도시로 올라온 가난한 여성들은 인형 옷 만들기, 봉투 만들기, 종이꽃 만들기, 스웨터 짜기 따위의 일을 했습니다. 하지만 항상 일거리가 있는 것이 아니어서 작은 회사에서 일하거나 막노동, 노점, 행상 따위로 하루 벌어 근근이 살아갔습니다.

그렇다고 농촌 여성들의 생활이 나아진 것은 아니었습니다. 젊은 사람들이 도시로 나온 탓에 농촌에는 일할 사람이 부족했고, 그 부족한 일을 여성들이 고스란히 떠맡았습니다. 농촌 여성들은 농사일도 하고 집안일도 해야 했습니다. 또 틈이 나면 남의 집 일을 해주고 품삯을 받거나 닭, 오리, 돼지 따위를 길렀습니다.

농어업 노동의 경우 1949년 254만 명이었던 여성이 1951년 496만 명으로 늘어났습니다. 농업 노동의 경우 전쟁 뒤 커다란 변화 없이 여성들이 이끌었던 까닭에 '농사는 여성들 손으로'라는 말까지 생겼습니다. 1950년대 내내 농업 종사자 수는 여성이 남성보다 더 많았습니다. 1960년대부터 농업 종사자의 감소 추세와 함께 여성 농민의 수도 줄고 농업 종사자 가운데

서 차지하는 비율도 줄었으나 이후로도 40% 이상을 차지했습니다.

　그러나 여성 농민의 노동은 대개 단순노동이었으며 기계화 정도가 낮아 노동생산성 또한 낮게 평가되었습니다. 여성 농민은 농가 경영자가 아닌 농업 노동자의 지위에 머물렀고 그들의 법적 지위도 대개 무급 가족 종사자로 분류되었습니다.

참고한 곳

온라인

- 여성가족부 홈페이지(http://www.mogef.go.kr)
- 한국역사정보통합시스템(http://www.koreanhistory.or.kr)
- 한국여성정책연구원 홈페이지(http://www.kwdi.re.kr)
- 한국영화 데이터베이스(http://www.kmdb.or.kr)
- 오마이뉴스 홈페이지(http://www.ohmynews.com)

신문

- 〈경향신문〉, 〈동아일보〉, 〈연합신문〉, 〈조선일보〉, 〈한겨레〉, 〈한국일보〉

잡지

- 〈개벽〉, 〈동광〉, 〈별건곤〉, 〈삼천리〉, 〈새벽〉, 〈신여성〉, 〈신천지〉, 〈여성〉, 〈여성계〉, 〈여원〉

단행본

- 강이수·신경아, 『여성과 일』, 동녘, 2001.
- 거다 러너, 강정하 옮김, 『왜 여성사인가』, 푸른역사, 2006.
- 고등어 외, 권김현영 해제, 한국여성민우회 엮음, 『거리에 선 페미니즘』, 궁리, 2016.
- 공간 수유+너머 근대매체연구팀, 『신여성―매체로 본 근대 여성 풍속사』, 한겨레신문사, 2005.
- 국가인권위원회, 『혐오 표현 실태조사 및 규제방안 연구』, 2017.
- 국립민속박물관 엮음, 『한국민속신앙사전 : 무속 신앙』, 2010.
- 국사편찬위원회 엮음, 『혼인과 연애의 풍속도』, 두산동아, 2005.
- 국사편찬위원회 엮음, 『20세기 여성, 전통과 근대의 교차로에 서다』, 두산동아, 2007.

- 권순형, 『고려의 혼인제와 여성의 삶』, 혜안, 2006.
- 권정생, 『몽실 언니』, 창작과비평사, 1983.
- 김경일, 『여성의 근대, 근대의 여성』, 푸른역사, 2004.
- 김득중 외, 『죽엄으로써 나라를 지키자』, 선인, 2007.
- 로잘린드 마일스, 신성림 옮김, 『최후의 만찬은 누가 차렸을까?』, 동녘, 2005.
- 문화교양학과 엮음, 『성·사랑·사회』, 한국방송통신대학교출판부, 2006.
- 메리 E. 행크스, 노영순 옮김, 『젠더의 역사』, 역사비평사, 2006.
- 박무영·김경미·조혜란, 『조선의 여성들, 부자유한 시대에 너무나 비범했던』, 돌베개, 2004.
- 박석분·박은봉, 『인물여성사』, 새날, 1994.
- 박용옥, 『한국 여성 근대화의 역사적 맥락』, 지식산업사, 2001.
- 박은식, 『한국독립운동지혈사』, 소명출판, 2008.
- 비프케 폰 타덴, 이수영 옮김, 『딸은 아들이 아니다』, 아이세움, 2007.
- 신동흔, 『살아 있는 우리 신화』, 한겨레신문사, 2004.
- 신라사학회, 『신라 속의 사랑, 사랑 속의 신라』, 경인문화사, 2006.
- 엘리자베스 키스·엘스펫 K. 로버트슨, 송영달 옮김, 『코리아 1920-1940』, 책과함께, 2006.
- 여성문화이론연구소, 『페미니즘의 개념들』, 동녘, 2015.
- 여성사연구모임 길밖세상, 『20세기 여성 사건사』, 여성신문사, 2001.
- 여성신문사 편집부, 『이야기 여성사 1·2』, 여성신문사, 2000.
- 윤보라 외, 『여성 혐오가 어쨌다구?』, 현실문화, 2015.
- 이배용 외, 『우리나라 여성들은 어떻게 살았을까 1·2』, 청년사, 1999.
- 이옥수, 『한국근세여성사화 (상·하)』, 규문각, 1985.
- 이옥지·강인순, 『한국 여성 노동자 운동사 1·2』, 한울아카데미, 2001.
- 이윤기, 『꽃아 꽃아 문 열어라』, 열림원, 2007.
- 이이효재, 『조선조 사회와 가족』, 한울아카데미, 2003.
- 이임하, 『계집은 어떻게 여성이 되었나』, 서해문집, 2004.
- 이임하, 『여성, 전쟁을 넘어 일어서다』, 서해문집, 2004.
- 이임하, 『한국 여성사 편지』, 책과함께, 2009.
- 이임하, 『전쟁미망인, 한국 현대사의 침묵을 깨다』, 책과함께, 2010.
- 이임하, 『10대와 통하는 문화로 읽는 한국 현대사』, 철수와영희, 2014.

- 이임하, 『해방공간, 일상을 바꾼 여성들의 역사』, 철수와영희, 2015.
- 이화여자대학교 한국여성사편찬위원회, 『한국 여성사 1·2』, 이화여자대학교출판부, 1972.
- 일레인 김·최정무 편저, 박은미 옮김, 『위험한 여성』, 삼인, 2001.
- 장병인, 『조선 전기 혼인제와 성차별』, 일지사, 1999.
- 전경옥 외, 『한국 여성문화사 2』, 숙명여자대학교출판국, 2005.
- 정현백 외, 『글로벌시대에 읽는 한국 여성사』, 사람의무늬, 2016.
- 조르주 뒤크로, 최미경 옮김, 『가련하고 정다운 나라 조선』, 눈빛, 2001.
- 조문윤·왕쌍회, 김택중·안명자·김문 옮김, 『무측천 평전』, 책과함께, 2004.
- 조범환, 『우리 역사의 여왕들』, 책세상, 2000.
- 조현설, 『우리 신화의 수수께끼』, 한겨레출판, 2006.
- 종합여성사연구회 엮음, 최석완·임명수 옮김, 『일본 여성의 어제와 오늘』, 어문학사, 2006.
- 주디스 버틀러, 유민석 옮김, 『혐오 발언』, 알렙, 2016.
- 최규진 엮음, 『근대를 보는 창 20』, 서해문집, 2007.
- 통계청, 『통계로 본 광복 70년』, 진한엠앤비, 2015.
- 페릭스 그린, 송우영 옮김, 『제국주의와 혁명』, 백산서당, 1983.
- 한국생활사박물관 편찬위원회, 『한국생활사박물관 1-12』, 사계절, 2000~2004.
- 한국여성개발원, 『한국 역사 속의 여성 인물 (상·하)』, 1998.
- 한국여성개발원, 『한국 여성교육의 변천 과정 연구』, 2000.
- 한국여성민우회, 『사무직 여성의 현실과 운동』, 석탑, 1989.
- 한국여성연구소 여성사연구실, 『우리 여성의 역사』, 청년사, 1999.
- 한국역사연구회 고대사분과, 『고대로부터의 통신』, 푸른역사, 2004.
- 한국정신대연구소, 『할머니 군위안부가 뭐예요』, 한겨레신문사, 2000.
- 합동통신, 『합동연감 1959』, 합동통신사, 1959.

논문
- 강선주, 「역사교육에서 내용 선정 및 구성의 개념으로서 성별」, 『역사교육』 제102집, 2007.
- 강진옥, 「마고할미 설화에 나타난 여성신 관념」, 『한국민속학』 제25집, 1993.
- 구민정, 「역사교육에서 젠더사의 의의」, 『역사교육』 제112집, 2009.
- 권영오, 「신라 하대 정치 변동 연구」, 부산대학교대학원 박사학위 논문, 2007.

- 권오경, 「동아시아 곡신신화 연구: 한국의 관련 신화와의 비교를 겸하여」, 『어문학』 제102집, 2008.
- 김기설, 「강릉 고을의 기우제 고찰」, 『강원민속학』 제28집, 2014.
- 김명숙, 「첨성대, 여신상이자 신전」, 『한국여성학』 제32권 제3호, 2016.
- 김선경, 「조선 후기 여성의 성, 감시와 처벌」, 『역사연구』 제8호, 2000.
- 김선자, 「중국 서남부 지역 창세여신의 계보—'여신의 길'을 찾아」, 『중국어문학논집』 제89호, 2014.
- 김선주, 「선덕여왕의 즉위 배경과 통치적 특징」, 『페미니즘연구』 제9권 2호, 2009.
- 김선주, 「신라 선덕여왕과 영묘사」, 『한국고대사연구』 제71호, 2013.
- 김선주, 「신라 하대 선덕여왕 재인식과 추숭」, 『한국고대사연구』 제86호, 2017.
- 김수아, 「한국 온라인 공간과 여성 혐오 정서」, 『젠더리뷰』 제38호, 2015.
- 김수진, 「여성 혐오, 페미니즘의 새시대를 가져오다」, 『교육비평』 제38호, 2016.
- 김영심, 「한국 고대사회 여성의 삶과 유교: 여성 관련 윤리관의 검토를 중심으로」, 『한국고대사연구』 제30호, 2003.
- 김영자, 「산신도에 표현된 산신의 유형」, 『한국민속학』 제41집, 2005.
- 김은주, 「여성 혐오 이후의 여성주의의 주체화 전략: 혐오의 모방과 혼종적 주체성」, 『한국여성철학』 제26권, 2016.
- 김재호, 「사시 기우제의 기우 원리와 시장의 소통성」, 『한국민속학』 제50집, 2009.
- 김준영, 「분황사 석탑 연구」, 영남대학교대학원 박사학위 논문, 2013.
- 박무늬, 「혐오에 맞서는 혐오: 인터넷 커뮤니티 메갈리아를 통해 본 한국 사회의 젠더 담론」, 고려대학교대학원 석사학위 논문, 2016.
- 박종성, 「여신 자청비의 노정기와 역할 대리자」, 『구비문학연구』 제43집, 2016.
- 백승대·안도헌, 「여성의 사회 진출에 대한 태도가 여성 혐오 의식에 미치는 영향—남자고등학교를 중심으로」, 『사회과학연구』 제56집 1호, 2017.
- 송효묘, 「7세기 동아시아 삼국의 여왕에 대한 연구」, 부산외국어대학교대학원 석사학위 논문, 2011.
- 신동흔, 「〈세경본풀이〉 서사와 삼세경 신직의 상관성 재론」, 『비교민속학』 제51집, 2013.
- 신상숙, 「'루트거스 광장'을 넘어서—3·8세계 여성의 날의 복합적 기원과 한국의 수용 맥락」, 『페미니즘연구』 제10권 1호, 2010.

- 신형식, 「한국 고대의 전통신앙과 여성」, 『선사와 고대』 제8호, 1997.
- 신화영, 「여성사 교육, 왜 무엇을 가르칠 것인가」, 『역사교육』 제81집, 2002.
- 오세정, 「유화와 자청비를 통해 본 한국 농경신의 성격 — 남성 인물과의 대립체계를 중심으로」, 『한국고전여성문학연구』 제21집, 2010.
- 오연수, 「3·1운동과 여성운동에 관한 연구」, 동아대학교대학원 석사학위 논문, 1987.
- 이동민, 「신라 불교사에 있어서의 여성의 역할: 삼국유사를 중심으로」, 이화여자대학교대학원 석사학위 논문, 1983.
- 이방원, 「고등학교 『한국사』 교과서에 서술된 '한국여성독립운동'에 대한 비판적 검토」, 『여성과역사』 제22집, 2015.
- 이선옥, 「과학주의 시대 — 여성 혐오라는 정동」, 『여성문학연구』 제36호, 2015.
- 이정선, 「근대 한국의 '여성' 주체 — 기표의 각축을 통해 본 일제시기 여성 개념」, 『개념과 소통』 제19호, 2017.
- 이현재, 「도시적 감정으로서의 여성 혐오와 도시적 젠더 정의의 토대로서의 공감의 가능성 모색」, 『한국여성철학』 제25권, 2016.
- 전기웅, 「진성여왕 대의 화랑 효종과 효녀 지은 설화」, 『한국민족문화』 제25호, 2005.
- 전호태, 「한국 고대의 여성」, 『한국고대사연구』 제12호, 1997.
- 정경숙, 「대한제국 말기 여성운동의 성격 연구」, 이화여자대학교대학원 박사학위 논문, 1989.
- 정연식, 「선덕여왕과 성조의 탄생, 첨성대」, 『역사와 현실』 제74호, 2009.
- 정연식, 「선덕여왕의 이미지 창조」, 『한국사연구』 제147집, 2009.
- 정인경, 「포스트페미니즘 시대 인터넷 여성 혐오」, 『페미니즘연구』 제16권 1호, 2016.
- 정출헌, 「삼국의 여성을 읽는 두 남성의 시각: 『삼국사기』와 『삼국유사』를 중심으로」, 『동양한문학연구』 제19집, 2004.
- 정현백, 「'여성사 쓰기'에 대한 (재)성찰」, 『역사교육』 제102집, 2007.
- 조경철, 「신라 선덕여왕의 알영신화 재편과 첨성대」, 『천태학연구』 제14집, 2011.
- 조경철, 「신라의 여왕과 여성 성불론」, 『역사와 현실』 제71호, 2009.
- 존 W. 스코트, 송희영 옮김, 「젠더: 역사 분석의 유용한 범주」, 『국어문학』 제31집, 1996.
- 진주옥, 「신라 선덕여왕 대의 제석신앙」, 충남대학교대학원 석사학위 논문, 2006.
- 천혜숙, 「여성 신화 연구 (1): 대모신 상징과 그 변용」, 『민속연구』 제1집, 1991.
- 최기숙, 「'감성적 인간'의 발견과 감정의 복합성·순수성·이념화」, 『고소설연구』 제34집, 2012.

- 최원오, 「한국 신화에 나타난 여신의 위계 전변과 윤리의 문제」, 『비교민속학』 제24집, 2003.
- 최혜영, 「고대 '새모습 여인'에 나타난 여성상」, 『역사교육논집』 제36집, 2006.
- 한봉석, 「'정조' 담론의 근대적 형성과 법제화」, 『인문과학』 제55호, 2014.

그림 및 사진 출처

- 1932년 발간된 연애소설 『열정』 표지(국립한글박물관)
- 3·1운동 기념 포스터(국립민속박물관)
- 가락바퀴(국립중앙박물관)
- 다리를 한 여성들의 모습(국립중앙박물관)
- 대한독립여자선언서(국립중앙박물관)
- 분황사 모전석탑 사리함 유물(국립경주박물관)
- 빗살무늬토기(국립중앙박물관)
- 삼강행실도(국립중앙박물관)
- 서 있는 여성상(뉴욕 메트로폴리탄미술관)
- 서 있는 토우(뉴욕 메트로폴리탄미술관)
- 울산 신암리 신석기 시대 여성상(국립중앙박물관)
- 중학교 입시 장면(국가기록원)
- 장옷을 입은 여성들(미국 National Archives II)
- 조선 초기 조반부인 초상(국립중앙박물관)
- 조선 후기 미인도(도쿄국립박물관)
- 첨성대(국립중앙박물관)
- 초충도(국립중앙박물관)
- 최치원 초상(국립중앙박물관)
- 평생도(국립중앙박물관)
- 황남대총 북분 금관(국립중앙박물관)
- 황남대총 북분 허리띠(국립중앙박물관)